PICCOLA BIBLIOTECA ADELPHI

375

DELLO STESSO AUTORE:

Critica della ragione pura

IMMANUEL KANT

Che cosa significa orientarsi nel pensiero

A CURA DI FRANCO VOLPI
TRADUZIONE DI PETRA DAL SANTO

ADELPHI EDIZIONI

TITOLI ORIGINALI:

Was heißt sich im Denken orientieren?
Einige Bemerkungen zu L.H. Jakob's Prüfung der Mendelssohn'schen «Morgenstunden»
Beantwortung der Frage, ist es eine Erfahrung, daß wir denken?

ISBN 88-459-1227-2

INDICE

Kant e l'«oriente» della ragione
di Franco Volpi 9

CHE COSA SIGNIFICA ORIENTARSI NEL PENSIERO

Che cosa significa orientarsi nel pensiero 45

Alcune osservazioni sull'analisi delle «Ore mattutine» di Mendelssohn condotte da Ludwig Heinrich Jakob 67

Risposta alla domanda se pensare sia un'esperienza 75

APPENDICE 79

Lettera di Moses Mendelssohn a Kant 81

Lettera di Kant a Christian Gottfried Schütz 84

Lettera di Marcus Herz a Kant 86

Lettera di Johann Erich Biester a Kant 89

Lettera di Ludwig Heinrich Jakob a Kant 91

Lettera di Kant a Marcus Herz 96

Lettera di Johann Erich Biester a Kant 98

Lettera di Kant a Friedrich Heinrich Jacobi 107

Lettera di Friedrich Heinrich Jacobi a Kant 112

Lettera di Kant a Ludwig Ernst Borowski 118

KANT E L'« ORIENTE » DELLA RAGIONE

DI FRANCO VOLPI

1. *Che cosa significa pensare?*

Fin dai suoi albori – da quando Parmenide ha formulato la celebre tesi secondo la quale « pensiero ed essere sono la stessa cosa » (fr. 3) – la filosofia non ha mai smesso di interrogarsi circa quell'indefinibile privilegio della specie umana che è il « pensiero ». Bastano poche testimonianze capitali per far risaltare in tutta la sua evidenza il fatto che il pensiero costituisce da sempre una delle questioni fondamentali che impegnano la filosofia e uno dei temi-pilastro sui quali essa ha lavorato e costruito nel corso della sua lunga storia.

Platone e Aristotele, che possono valere qui come testimoni per la concezione antica, fanno del pensiero l'attività che contraddistingue l'uomo dagli altri animali e che, esercitato nella sua purezza come « pensiero di pensiero » (*nóesis noéseos*), lo rende simile agli dèi. A loro risale il primo studio rigoroso e sistematico delle diverse facoltà della mente – quelle discorsive e mediate della ragione (*diánoia*, *ratio*), che produce scienza, e quelle « intuitive » e immediate dell'intelletto o intelligenza (*noûs*, *intellectus*), che coglie i princìpi da cui la scienza muove. In un significativo passo del *de partibus animalium*, croce e delizia dei commentatori,

Aristotele arriva a dire che delle parti dell'uomo «solo il pensiero (*noûs*) viene da fuori (*thýrathen*) ed è divino: perché l'attività del corpo non ha nulla in comune con la sua attività» (II, 3, 736 b 27-29). Intorno all'enigmatica natura del *noûs* si accenderà una disputa plurisecolare tra i commentatori antichi, arabi e medioevali – Alessandro di Afrodisia, Averroè e Tommaso d'Aquino sono i tre nomi che spiccano sugli altri – la quale, coinvolgendo il problema dell'immortalità dell'anima e il rapporto tra ragione e fede, si protrarrà fino in pieno Rinascimento, cioè fino al simbolico termine *ad quem* rappresentato dall'anno in cui Pietro Pomponazzi vide bruciato pubblicamente a Venezia il suo *de immortalitate animae* (1516).
Grosso modo un secolo più tardi, inaugurando l'età nuova, Descartes faceva del pensiero il principio incontrovertibile sul quale poggia ogni certezza conoscitiva e poneva così le basi di tutto il razionalismo moderno. Nell'indubitabilità del *cogito ergo sum*, il principio che dal pensare inferisce l'essere, Descartes vedeva una «verità così salda e certa che non avrebbero potuto scuoterla neanche le più stravaganti supposizioni degli scettici» e giudicava di poterla assumere senza esitazione quale fondamento primo della sua filosofia (*Discorso sul metodo*, IV).

Come tutte le intuizioni capitali anch'essa trovò subito la sua opposizione essenziale: Pascal, il grande contemporaneo e antagonista di Descartes, condivide con lui l'idea che il pensiero sia ciò che contraddistingue l'uomo nella sua essenza più profonda: «Posso benissimo con-

cepire l'uomo senza mani, senza piedi e magari senza testa, ma non senza pensiero» (*Pensieri*, n. 339). Ma Pascal cala il primato del pensiero in uno sfondo metafisico meno ottimistico, più malinconico e mesto: «L'uomo non è che una canna, la più fragile della natura; ma è una canna che pensa. Non occorre che l'universo intero si armi per schiacciarlo; un soffio d'aria, una goccia d'acqua bastano a ucciderlo ... Tutta la nostra dignità sta dunque nel pensiero. Sforziamoci quindi di ben pensare: ecco il principio della morale». E a margine si domanda: «Ma che cos'è questo pensiero?» (*Pensieri*, nn. 346 e 347). È la domanda che alimenterà un importante filone dello spiritualismo francese, raggiungendo un suo punto alto nella memoria di Maine de Biran su *L'influenza dell'abitudine sulla facoltà di pensare* (1802), ma che occuperà anche pensatori sensisti come Destutt de Tracy, che nella *Memoria sulla facoltà di pensare* (1798) scrive: «Il pensiero, o la facoltà di pensare, è il fenomeno massimo e più importante del nostro essere ... È la nostra esistenza tutta intera ... Sarebbe la stessa cosa che la vita, se non fosse che può essere sospeso dal sonno o da altri accidenti» (II, 1).
È soprattutto nella filosofia tedesca, con la «rivoluzione copernicana» di Kant e con l'idealismo, che il pensiero diventa il baricentro verso il quale gravita ogni nostra esperienza, il punto archimedeo sul quale poggia tutta l'architettonica del nostro conoscere. Nei suoi vasti paragrafi Kant sviluppa un vero e proprio sistema del pensiero e delle sue facoltà, che non tarda ad affermarsi e che rimane a lungo in

auge come riferimento imprescindibile. In generale, spiega Kant, « si chiama pensiero il rappresentarsi qualcosa mediante concetti, cioè in termini universali » (*Über die Fortschritte der Metaphysik*, XX, 325).[1] Il pensiero, attuandosi mediante « concetti, giudizi e sillogismi » (*Logik*, IX, 33), è la facoltà conoscitiva superiore che rappresenta la spontaneità e l'attività del soggetto, a differenza della sensibilità che ne costituisce invece il lato passivo. Distinto dalle funzioni conoscitive inferiori – che sono: il *repraesentare* (*vorstellen*), il *percipere* (*wahrnehmen*) e il *noscere* (*kennen*) – il pensiero include le seguenti operazioni conoscitive superiori:

1) il *cognoscere*, cioè « l'avere nozione (*kennen*) in modo consapevole, vale a dire il conoscere (*erkennen*) »;

2) l'*intelligere*, cioè « il capire (*verstehen*), ossia il conoscere o concepire mediante l'intelletto (*Verstand*) in forza dei concetti »;

3) il *perspicere*, ovvero « il conoscere o intuire (*einsehen*) mediante la ragione (*Vernunft*) »;

4) il *comprehendere*, cioè « il comprendere (*begreifen*) nella misura che è sufficiente alle nostre intenzioni » (cfr. *Opus postumum*, XXII, 22 sgg., 28, 32, 90).

In quanto capacità di quel « soggetto » per eccellenza che è l'uomo, il pensiero si esplica in virtù di tre facoltà fondamentali, come Kant il-

1. I numeri romani e arabi, qui e nelle altre citazioni di Kant, si riferiscono rispettivamente al volume e al numero di pagina dell'edizione delle *Gesammelte Schriften* pubblicata dalla Königlich Preußische Akademie der Wissenschaften (de Gruyter, Berlin-Leipzig, 1902 sgg.).

lustra, ad esempio, nell'*Antropologia pragmatica*, libro I, par. 59:

1) l'« intelletto » (*Verstand*), che è la capacità di « pensare da sé » (*selbst denken*);

2) il « giudizio » (*Urteilskraft*), cioè la capacità di « pensarsi (nelle relazioni con gli uomini) al posto di ogni altro » (*sich – in der Mitteilung mit Menschen – in die Stelle jedes Anderen denken*);

3) la « ragione » (*Vernunft*), ossia la capacità di « pensare sempre in accordo con se stessi » (*jederzeit einstimmig mit sich selbst denken*).

Quale importanza Kant assegni alla funzione del pensare è indicato dal fatto che per dare un nome alla suprema funzione unificante del nostro conoscere egli scelga il termine « io penso » (*Ich denke*): l'« io penso » è il principio « che deve poter accompagnare tutte le mie rappresentazioni » (III, 108 = B 131). Ma è significativo soprattutto che l'esercizio autonomo del pensiero costituisca per lui, in prospettiva etico-politica, il fondamento sul quale egli basa il progetto illuministico di emancipazione dell'uomo dallo stato di minorità in cui versa.

Nella scia di Kant, l'idealismo tedesco e Hegel dispiegheranno in tutta la sua ampiezza questa fiducia nel pensiero e nella ragione, spingendone il potere conoscitivo ben oltre i confini segnati dal pensatore di Königsberg. Con Hegel la potenza del razionale dissolve ogni elemento sostanziale, al punto che nel suo sistema, al culmine della speculazione in cui la « vita dello spirito » giunge all'autotrasparenza compiuta, pensiero ed essere sono di nuovo la stessa cosa: tutto è accolto e risolto, senza residui, nell'orizzonte del pensiero.

La vertiginosa altezza di questa identità, che la filosofia di Hegel ha preteso di riconquistare, è pari soltanto all'abissalità del disorientamento in cui essa è precipitata nel « dopo Hegel ». La distruzione delle certezze metafisiche seguita alla crisi dell'idealismo ha intaccato anche il *fundamentum inconcussum* del pensiero: da allora esso viene considerato un semplice strumento organico di cui una determinata specie di esseri viventi si serve per sopravvivere (Nietzsche) oppure una mera secrezione del cervello che si produce analogamente a come il fegato secerne la bile (Taine). Il vasto dibattito *pro* o *contra* il cosiddetto « psicologismo », che vivacizza la scena filosofica tra Ottocento e Novecento e in cui spiccano i nomi di Frege, Brentano e Husserl, è un altro importante segnale della permanenza del problema: quale natura avrà mai l'attività del pensiero, dal momento che le operazioni che esso compie, benché inevitabilmente condizionate da'limiti fisici, empirici e storici, producono nondimeno idealità logiche che valgono oltre quei limiti, al di là del tempo e dello spazio?
Dopo duemila anni di filosofia si ripropone, insoluta e più attuale che mai, la domanda: che cosa significa pensare?
È stato Heidegger – in uno dei suoi ultimi corsi universitari intitolato proprio *Was heißt Denken?* [*Che cosa significa pensare?*] – a invitarci nel nostro secolo a riconsiderare questo interrogativo e a sperimentare tutta l'aporeticità delle risposte apparentemente consolidate della tradizione – da quella che vede nella *res cogitans* la

corrispondenza perfetta con la *res extensa* fino a quella che considera invece il pensiero come un mero epifenomeno dell'evoluzione. E per esprimere l'alto concetto che ha del pensiero, nell'esordio del menzionato corso del 1951-1952, egli pronuncia una delle sue celebri sentenze destinate a suscitare scandalo: « La scienza non pensa ».[1] Ma che cos'è allora il pensiero, che Heidegger tiene rigorosamente separato dal « calcolare » e dal « raziocinare » della scienza, ovvero dalla razionalità strumentale, e a cui affida, nell'età della tecnica, la più grave responsabilità?

L'intensità con cui l'interrogativo ci investe non sarebbe minore se, anziché rifarci a Heidegger, evocassimo le domande dell'altro grande maestro della filosofia del Novecento, Wittgenstein. « E che cos'è *pensare*? » si chiede nelle *Ricerche filosofiche* (nn. 327, 328, 330, 339) « Che cosa chiamiamo "pensare"? A che pro abbiamo imparato a servirci di questa parola? ... Il pensare è una specie di parlare? ... Che cosa dovremmo rispondere se ci chiedessero "Hai il pensiero prima dell'espressione?". E che cosa dovremmo rispondere alla domanda: "In che cosa consisteva il pensiero, qual si trovava in noi prima dell'espressione?" ... Il pensare non è un processo incorporeo che presti vita e senso al parlare, e che sia possibile staccare dal parlare, come il maligno stacca l'om-

1. Martin Heidegger, *Was heißt Denken?*, Niemeyer, Tübingen, 1971, p. 4 (trad. it. di Ugo Ugazio e Gianni Vattimo, *Che cosa significa pensare?*, 2 voll., Sugarco, Milano, 1978-1979, vol. I, p. 41).

bra di Schlemiehl dal suolo. Ma come, “non è un processo incorporeo”? ».
Oggi, ci soccorrono nel nostro problema le scienze cognitive, lo studio della mente e dell'intelligenza artificiale, che sembrano avvicinarsi a grandi passi all'enigma del pensiero.[1] Eppure mai come oggi le soluzioni e le risposte appaiono controverse e incerte, tanto più se, con la natura del pensiero e di quella che – con un termine dal sapore ormai quasi « metafisico » – ci ostiniamo a chiamare « ragione », mettiamo in gioco la stessa natura dell'uomo. Questo singolare « allotropo empirico-trascendentale », fatto di essere e di pensiero, è tale che noi oggi, fuoriusciti dall'orizzonte metafisico, non sappiamo più inferire dall'evidenza dell'« io penso » quella dell'« io sono ». Anziché stringere sull'essere, il pensiero si dissolve in una sequela di interrogativi che Michel Foucault ha formulato con un travolgente paradosso così: « Che cosa devo essere, io che penso e sono il mio pensiero, per essere ciò che non penso, e perché il mio pensiero sia ciò che non sono? Che cos'è quest'essere che scintilla e per così dire ammicca nell'apertura del *cogito*, senza tuttavia essere dato sovranamente in esso e da esso? Qual è il rapporto e l'ardua appartenenza dell'essere e del pensiero? Che cos'è l'essere dell'uomo, e come può accadere che tale essere, il quale potrebbe tanto agevol-

1. Si veda, per tutti, la discussione dei nuovi problemi in Douglas R. Hofstadter – Daniel C. Dennett, *L'io della mente*, a cura di Giuseppe Trautteur, Adelphi, Milano, 1985.

mente venir caratterizzato dal fatto che "ha pensiero" e che è forse il solo a possederlo, includa un riferimento incancellabile e fondamentale all'impensato? ».[1]

Insomma, se è vero – come si è detto – che il pensiero è uno dei massimi piaceri concessi al genere umano, ne godiamo oggi nella consapevolezza che esso – come tutti i veri grandi problemi filosofici – è un problema che non ha soluzione, ma storia.

2. *Kant, maestro di pensiero, e il « Pantheismusstreit »*

Se è così, se non ci sono soluzioni ma solo storia, si capisce perché il confronto con i grandi maestri della tradizione non smetta di attrarre. A loro sempre si è tornati e sempre si tornerà. E in merito alla questione del pensiero il primo al quale riandare senza indugi è Kant. Non solo per le tre *Critiche*, ma anche per i limpidi saggi « popolari » con i quali, fino a vecchiaia inoltrata, egli intervenne per chiarire la sua dottrina e sostenere fino in fondo l'imprescindibilità del punto di vista della ragione.

Tra questi ultimi ve ne è uno, steso nel 1786, che fa parte di una serie di articoli da lui pubblicati nella « Berlinische Monatsschrift », l'organo dell'illuminismo berlinese. Esso si intito-

1. Michel Foucault, *Le parole e le cose. Un'archeologia delle scienze umane* (1966), trad. it. di Emilio Panaitescu, Rizzoli, Milano, 1967, pp. 349-50.

la: *Was heißt sich im Denken orientieren?* [*Che cosa significa orientarsi nel pensiero?*]. Con questo scritto lucido e appassionato Kant prese la parola nel cosiddetto *Pantheismusstreit* (o *Spinozismusstreit*) – la « controversia sul panteismo » (o sullo « spinozismo ») che infiammò in quegli anni la Germania filosofica e letteraria – per ribadire l'irrinunciabilità della ragione quale unica bussola a cui affidarci nel nostro pensare. Ma che cosa fu il *Pantheismusstreit*?
La controversia si accese tra Friedrich Heinrich Jacobi – il Consigliere segreto di Pimplendorf, cioè di Pempelfort, della lettera di Marcus Herz a Kant del 27 febbraio 1786 (cfr. sotto, p. 87) – e Moses Mendelssohn in merito alla posizione filosofica assunta da Lessing nei confronti dello spinozismo, vale a dire quella concezione razionale del divino che, stabilendo l'equazione *Deus sive Natura*, approdava al principio dell'« Uno-Tutto » e al panteismo, ovvero all'ateismo e al fatalismo. Con questa equazione di spinozismo, panteismo e ateismo – apostrofata da Kant come « imperiosa sentenza » – Jacobi riprendeva un pensiero messo in circolazione già dal *Dizionario* di Bayle, che definiva Spinoza « ateo di sistema », al fine di demolire ogni tentativo di teologia razionale e spianare la strada alla fede. In effetti, al di là del riferimento a Lessing e al suo « cristianesimo della ragione », la posta in gioco era in realtà ben più alta e la controversia – in cui intervennero esponenti prestigiosissimi della cultura del tempo quali Lavater, Goethe, Hamann, Herder e lo stesso Kant – si allargò ai rapporti tra ragione e fede e divenne uno

scontro tra l'illuminismo berlinese e la «filosofia della fede» che apriva alla *Schwärmerei*, cioè all'entusiasmo e all'esaltazione del genio e dell'intuizione immediata.

A dare fuoco alle polveri fu Jacobi – che sulla questione era in contatto epistolare anche con Goethe e Herder – decidendo di pubblicare la corrispondenza da lui intrattenuta con Mendelssohn fin dal 1783, con la mediazione di Elise Reimarus, a proposito dello «spinozismo» di Lessing. Riportando colloqui avuti con quest'ultimo a Wolfenbüttel, Braunschweig e Halberstadt nel 1780, dunque poco prima della morte del grande scrittore e pensatore illuminista che la Germania ammirava (15 febbraio 1781), Jacobi dichiarava che Lessing stesso, da lui sollecitato con domande sul *Prometeo* di Goethe, gli aveva confessato di aderire al panteismo spinoziano e al principio dell'«Uno-Tutto» (*Über die Lehre des Spinoza, in Briefen an den Herrn Moses Mendelssohn*, Löwe, Breslau, 1785; seconda edizione ampliata, ivi, 1789; terza edizione postuma a cura di Friedrich Köppen nel vol. IV dei *Werke*, Fleischer, Leipzig, 1819).[1]

1. Trad. it. di Francesco Capra, *La dottrina di Spinoza. Lettere al signor Moses Mendelssohn*, Laterza, Bari, 1914; a cura di Valerio Verra, ivi, 1969. Degne di menzione sono l'edizione a cura di Fritz Mauthner, *Jacobis Spinoza-Büchlein. Nebst Replik und Duplik*, Müller, München, 1912, e quella a cura di Heinrich Scholz, *Die Hauptschriften zum Pantheismusstreit zwischen Jacobi und Mendelssohn*, Reuther & Reichard, Berlin, 1916. Per un primo orientamento cfr. Bruno Bianco, *Kant e il «Pantheismusstreit»*, «Rivista di filosofia neoscolastica», 68, 1976, pp. 461-76, poi in

Quasi contemporaneamente alla decisione di Jacobi di dare alle stampe lo « Spinoza-Büchlein » – così lo definì Matthias Claudius –, apparso nel settembre del 1785, anche Mendelssohn, avendo saputo da Elise Reimarus dell'imminente uscita del libro di Jacobi (lettera a Kant del 16 ottobre 1785; cfr. sotto, pp. 81-83), si affrettò a pubblicare l'opera a cui lavorava da tempo, le *Morgenstunden oder Vorlesungen über das Daseyn Gottes* [Ore mattutine o Lezioni sull'esistenza di Dio], Voß, Berlin, 1785; seconda edizione, ivi, 1786. Senza fare riferimento alla corrispondenza con Jacobi, egli svolgeva una sua critica a Spinoza e attribuiva all'amico Lessing uno « spinozismo emendato », difendendolo da possibili critiche di panteismo. E dopo avere letto il libro di Jacobi, che lo irritò profondamente anche per l'indiscrezione commessa dal suo corrispondente con il rendere pubblico il loro carteggio privato, Mendelssohn intervenne con una replica polemica intitolata *An die Freunde Lessings. Ein Anhang zu Herrn Jacobi's Briefwechsel über die Lehre des Spinoza* [Agli amici di Lessing. Una postilla all'epistolario del signor Jacobi sulla

Id., *Fede e Sapere. La parabola dell'« Aufklärung » tra pietismo e idealismo*, Morano, Napoli, 1992, pp. 185-207; Marco Maria Olivetti, *Da Leibniz a Bayle: alle radici degli « Spinozabriefe »*, in *Lo spinozismo ieri e oggi*, Cedam, Padova, 1978, pp. 147-200; Angelo Pupi, *Alla soglia dell'età romantica*, Vita e pensiero, Milano, 1986; Kurt Christ, *Jacobi und Mendelssohn. Eine Analyse des Spinozastreits*, Königshausen & Neumann, Würzburg, 1988; R. Jeremy Kaus, *Nathan der Weisere. Plädoyer für eine revidierte Sicht des Spinozismus-Streites zwischen Moses Mendelssohn und Friedrich Heinrich Jacobi*, « Mendelssohn-Studien », 9, 1995, pp. 9-52.

dottrina di Spinoza], Voß, Berlin, 1786.[1] In essa egli rafforzava la difesa dell'amico, anche perché era convinto che i princìpi del « cristianesimo della ragione » di Lessing fossero i medesimi che si ritrovavano nell'essenza dell'ebraismo che egli stesso professava. La stesura della risposta fu completata il 31 dicembre 1785, ma Mendelssohn non poté vederne la stampa poiché si ammalò improvvisamente e morì il 4 gennaio 1786. La pubblicazione postuma uscì agli inizi di febbraio a cura di Johann Jacob Engel, il quale, nella premessa, accusava Jacobi di avere causato con la sua polemica tale e tanto turbamento in Mendelssohn da comprometterne il già cagionevole stato di salute. L'accusa fu ripresa e rafforzata da Karl Philipp Moritz nella prima recensione che annunciava lo scritto, apparsa nella « Berlinische Zeitung » del 24 gennaio 1786, ma fu contestata con una testimonianza personale da Reichardt, citato nella lettera di Kant a Marcus Herz del 7 aprile 1786 (cfr. sotto, p. 96).
Jacobi, esposto a un'accusa tanto grave, reagì con un'autodifesa: *Wider Mendelssohns Beschuldigungen betreffend die Briefe über die Lehre des Spinoza* [Contro l'accusa di Mendelssohn concernente le lettere sulla dottrina di Spinoza], Göschen, Leipzig, 1786. Al suo fianco si schierò fra gli altri Matthias Claudius – definito da

1. Entrambi gli scritti di Mendelssohn possono essere letti nell'edizione critica stabilita da Leo Strauß, *Gesammelte Schriften*, vol. III, tomo II: *Schriften zur Philosophie und Ästhetik*, Frommann-Holzboog, Stuttgart-Bad Cannstatt, 1974.

Marcus Herz nella lettera a Kant del 27 febbraio 1786 « quell'insignificante autore di filastrocche di Wansebeck », cioè di Wandsbeck, in quanto compositore di una « filastrocca di Natale », poi musicata dal menzionato maestro di cappella Reichardt – che scrisse *Zwey Recensionen in Sachen der Herren Lessing, M. Mendelssohn und Jacobi* [Due recensioni in merito alla questione dei signori Lessing, M. Mendelssohn e Jacobi], Hamburg (senza indicazione di editore), 1786. Si schierò inoltre dalla parte di Jacobi il predicatore Johann Heinrich Schulz in uno scritto anonimo: *Der entlarvte Moses Mendelssohn oder völlige Aufklärung des räthselhaften Todverdrusses des Moses Mendelssohn über die Bekanntmachung des Lessingschen Atheismus von Jacobi* [Moses Mendelssohn smascherato o il chiarimento completo dell'enigmatica afflizione mortale di Moses Mendelssohn per la denuncia dell'ateismo di Lessing da parte di Jacobi], Amsterdam (senza indicazione di editore, in realtà: Stuhr, Berlin), 1786. Egli sosteneva che Mendelssohn, convinto che la sua opera *Jerusalem* fosse la definitiva confutazione dell'ateismo, voleva impedire che Lessing, con la sua autorevolezza, venisse annoverato *post mortem* dalla parte a lui avversa. I risultati della disputa furono raccolti e riassunti da un amico di Jacobi, Thomas Wizenmann, in uno scritto apparso anonimo con il titolo *Die Resultate der Jacobischen und Mendelssohnschen Philosophie, kritisch untersucht von einem Freiwilligen* [I risultati della filosofia di Jacobi e di Mendelssohn, esaminati criticamente da un volontario], Göschen, Leipzig, 1786, citato nella lette-

ra di Johann Erich Biester a Kant dell'11 giugno 1786 (cfr. sotto, p. 98) e che si rivolge anch'esso prevalentemente contro Mendelssohn. Prese le parti di Jacobi, « filosofo della fede », anche Hamann, che condivideva la necessità del « salto mortale » e, anzi, concepiva in termini ancora più radicali l'alternativa tra fede e ragione.
La controversia affermò Jacobi come filosofo – noto fino ad allora principalmente per i romanzi epistolari *Allwill* (1776) e *Woldemar* (1779) – e come conoscitore del pensiero di Spinoza e di Kant (in seguito, fu tra i primi ad attirare l'attenzione sui cambiamenti introdotti nella seconda edizione della *Critica della ragione pura*).[1] Ma costò a Jacobi anche le critiche di pensatori autorevolissimi e soprattutto ebbe l'effetto contrario a quello voluto: anziché alla condanna, diede inizio alla fortuna dello spinozismo. Herder, che pur non era ostile a Jacobi e che si pronunciò sul *Pantheismusstreit* nello scritto *Gott. Einige Gespräche* (Ettinger, Gotha, 1787),[2] citato da Kant nella lettera a Jacobi del 30 agosto 1789 (cfr. sotto, p. 109), mostrò la conciliabilità di spinozismo e cristianesimo. Goethe dichiarò che Spinoza era « theissimus et christianissimus » (lettera a

1. Sulla figura e sul pensiero di Jacobi si veda la monografia di Valerio Verra, *F.H. Jacobi. Dall'illuminismo all'idealismo*, Filosofia, Torino, 1963, e l'antologia Friedrich Heinrich Jacobi, *Scritti kantiani*, a cura di Giuliano Sansonetti, Morcelliana, Brescia, 1992.

2. Trad. it. a cura di Maria Cecilia Barbetta e Irene Perini Bianchi, *Dio. Dialoghi sulla filosofia di Spinoza*, Angeli, Milano, 1992.

Jacobi del 7 giugno 1785), Novalis lo definì « un uomo ebbro di Dio » e il teologo Schleiermacher, nei discorsi *Über die Religion* (Uger, Berlin, 1799), scrisse: « Sacrificate riverentemente con me una ciocca di capelli ai mani del santo, dello scomunicato Spinoza! Il sublime Spirito del mondo lo penetrava, l'Infinito era il suo principio e il suo fine; l'Universo il suo unico ed eterno amore. Con santa innocenza e con umiltà profonda egli si specchiava nel mondo eterno, e considerava che anch'egli ne era lo specchio più amabile. *Era pieno di religione e pieno di Spirito Santo* ».[1]

3. *L'intervento del grande regiomontano*

La polemica sul panteismo divenne così, come si è detto, una controversia generale sui rapporti tra fede e ragione e si trasformò di fatto in uno scontro tra l'illuminismo berlinese, difensore della ragione, e la « filosofia della fede », che metteva invece l'accento sui limiti del conoscere razionale e dichiarava l'esigenza di un « salto mortale », aprendo la strada alla *Schwärmerei*, all'esaltazione e al fanatismo. Era naturale che i due partiti guardassero a Kant, il grande pensatore regiomontano, che dopo la pubblicazione della *Critica della ragione pura* (1781) – alla quale erano seguite in rapida successione altre opere importanti come i *Prolego-*

1. Friedrich Daniel Ernst Schleiermacher, *Discorsi sulla religione e Monologhi*, a cura di Gaetano Durante, Sansoni, Firenze, 1947, pp. 242-43. Il corsivo è mio.

meni a ogni futura metafisica che potrà presentarsi come scienza (1783) e la *Fondazione della metafisica dei costumi* (1785) – veniva ormai riconosciuto come l'eminenza grigia della filosofia tedesca ed era il solo che con la sua autorevolezza avrebbe potuto dirimere la controversia.

Nelle lettere dell'8 novembre 1785, del 6 marzo e dell'11 giugno 1786 Johann Erich Biester, uno dei due fondatori e direttori della « Berlinische Monatsschrift », lo invitava con insistenza a prendere posizione in difesa di Mendelssohn, il pensatore ebreo che per la sua attività filantropica e la sua opera filosofica rappresentava un faro dell'illuminismo berlinese.[1] Lo stesso fecero anche Marcus Herz e Ludwig Heinrich Jakob. Costoro osservarono che Jacobi chiamava direttamente in causa Kant, citandolo come autorità a suo favore e sfruttando in particolare a proprio vantaggio la dottrina kantiana dell'inconoscibilità dell'Assoluto secondo la quale « in Dio è possibile soltanto credere, e la fede si può rinsaldare solo dal punto di vista pratico ». Ma un altro motivo importante per intervenire era che venivano tirati in campo motivi centrali del suo

1. Su questo aspetto della personalità di Mendelssohn e sulle sue attività nel contesto storico dell'epoca si vedano le « Mendelssohn-Studien. Beiträge zur neueren deutschen Kultur- und Wirtschaftsgeschichte », dirette da Rudolf Elvers e Hans-Günter Klein per la Mendelssohn-Gesellschaft, in particolare il vol. IV (1979) dedicato ai 250 anni della nascita del filosofo; e tra le monografie più recenti Heinz Knobloch, *Herr Moses in Berlin. Auf den Spuren eines Menschenfreundes*, Morgenbuch, Berlin, 1993 (poi Fischer, Frankfurt a. M., 1996).

pensiero – il rapporto tra ragione e fede, la possibilità o l'impossibilità della metafisica, il problema dell'inconoscibilità dell'Assoluto, la razionalità o naturalità della religione – con il rischio che l'accusa di ateismo fosse fatta valere anche contro Kant. La riprova che si trattasse di un rischio reale l'abbiamo dalla circostanza che nel 1798 scoppiò effettivamente sull'argomento una polemica, il cosiddetto *Atheismusstreit*: l'accusa di ateismo fu avanzata contro Fichte, la cui concezione della religione era così vicina a quella kantiana che il suo *Versuch einer Kritik aller Offenbarung* [*Saggio di una critica di ogni rivelazione*], apparso anonimo nel 1792, fu scambiato per l'attesa opera di Kant *Die Religion innerhalb der Grenzen der bloßen Vernunft* [*La religione entro i limiti della sola ragione*], uscita l'anno successivo.[1]

V'era poi una ragione di altro ordine, ma non meno importante, che spingeva gli illuministi berlinesi a sollecitare l'intervento del pensatore di Königsberg. Era il pericolo che alla morte di Federico II di Prussia, poi avvenuta nella notte fra il 16 e il 17 agosto 1786, venisse minacciata la libertà di pensiero e di espressione che il grande re aveva elevato a principio del suo governo secondo la massima: « Filosofate come volete e su quel che volete, ma obbedite! » (*Philosophiert wie ihr wollt und worüber ihr*

1. Per un primo orientamento su questa ulteriore controversia cfr. *Appellation an das Publikum... Dokumente zum Atheismusstreit um Fichte, Forberg, Niethammer, Jena 1798-1799*, a cura di Manfred Röhr, seconda ediz. corretta, Reclam, Leipzig, 1991.

wollt, nur gehorcht!). Essi temevano cioè (cfr. sotto, pp. 104-105) che avvenisse una svolta oscurantista – la quale si verificò puntualmente sotto il regno di Federico Guglielmo II, spinto in tale direzione dal ministro Wöllner. L'accusa di spinozismo e di ateismo rivolta a Lessing e a Mendelssohn, ma indirettamente a tutti i razionalisti, avrebbe potuto servire da pretesto per una eventuale campagna di repressione della libertà di stampa e di pensiero.
Kant meditò a lungo prima di intervenire, come testimonia la lettera a Marcus Herz del 7 aprile 1786 (cfr. sotto, pp. 96-97). Sulle ragioni della sua esitazione si possono avanzare soltanto ipotesi: può darsi, per esempio, che dopo lo scontro con Herder Kant non avesse più alcuna intenzione di immischiarsi in polemiche. È probabile anche che non avesse troppa voglia di prendere le difese di un pensatore, come Mendelssohn, con il quale aveva rivaleggiato – risultando perdente – in occasione del concorso bandito nel 1763 dall'Accademia di Berlino sull'« evidenza delle scienze metafisiche » e del quale non condivideva affatto l'ottimistica fiducia nella forza dimostrativa della ragione in campo metafisico. Né poteva far piacere a Kant l'appellativo che per questo Mendelssohn gli aveva affibbiato e che circolava negli ambienti filosofici e letterari: « quel Kant che tutto sgretola » (*der alles zermalmende Kant*).[1] Dopo un lungo temporeggiamento,

1. Su tutto ciò si veda l'introduzione di Alexis Philonenko alla sua edizione francese del saggio: Emmanuel Kant, *Qu'est-ce que s'orienter dans la pensée?*, Vrin, Paris, 1959, pp. 15-74.

finalmente nell'estate del 1786 Kant ruppe gli indugi e intraprese la stesura del saggio *Che cosa significa orientarsi nel pensiero?*, che a luglio era terminato. Biester ricevette il manoscritto ai primi di agosto – come conferma la lettera dell'8 del mese – e lo pubblicò nel numero di ottobre della « Berlinische Monatsschrift » (VIII, 1786, pp. 304-330).[1] Ma quale fu, nella sostanza, la presa di posizione di Kant?

Per quanto le due parti contendenti sperassero di averlo dalla propria, Kant, rigorosamente fedele alla sua concezione della ragione e del pensiero, non si schierò né con l'una né con l'altra. Non con Jacobi: infatti, pur condividendo con lui l'idea che la nostra conoscenza razionale non è in grado di oltrepassare i limiti dell'esperienza, egli non intendeva rinunciare alla ragione né invocare, come Jacobi, il « salto mortale » della fede che catapulta direttamente in seno a quell'Assoluto che salta fuori come un « colpo di pistola » – come osservò Hegel con ironia nella Prefazione alla *Fenomenologia dello spirito*. Il rischio per chi imboccava questa strada era l'arbitrio della *Schwärmerei*, l'esaltazione dell'intuizione immediata a cui volentieri il « genio » si abbandona. Sulle conseguenze che ne derivavano Kant aveva del resto ironizzato vent'anni prima nel suo impertinente saggio contro le visioni di Swedenborg, i *Träume*

1. Da notare – come per primo rilevò Benno Erdmann – la « rispondenza sorprendente, e talora letterale, fra la lettera » da Erdmann pubblicata in *Kants Kriticismus in der ersten und in der zweiten Auflage der Kritik der reinen Vernunft*, Voß, Leipzig, 1878, pp. 145-46 (cfr. sotto, pp. 24 sgg.), « e il finale della nota nel saggio sull'orientarsi ».

einers Geistersehers erläutert durch die Träume der Metaphysik (1766), che si concludono con questa mordace constatazione: « La ragione umana non è fornita di ali siffatte da poter fendere le alte nubi che velano ai nostri occhi i segreti dell'altro mondo, e ai curiosi che sono così smaniosi di indagarli si può dare la risposta semplice, ma molto naturale, che la cosa più prudente è rassegnarsi ad aver pazienza finché non arrivino là » (II, 373).[1]

Ma Kant non poteva essere d'accordo nemmeno con Mendelssohn. Pur facendo anch'egli affidamento sulla « bussola della ragione », l'unica a guidare l'uomo nella sua rischiosa navigazione metafisica, Kant era molto più scettico di Mendelssohn circa le possibilità di arrivare alla meta in un qualche porto dell'Inconoscibile. Mendelssohn – già nel trattato del 1764 *Über die Evidenz in den metaphysischen Wissenschaften* [Sull'evidenza nelle scienze metafisiche], steso in risposta al menzionato quesito dell'Accademia di Berlino – aveva sostenuto che la certezza delle verità metafisiche è pari a quella delle matematiche e, attaccandosi a questo assunto del razionalismo leibniziano-wolffiano, aveva ribadito anche in occasione della controversia sullo spinozismo la sua fiducia nelle possibilità conoscitive della ragione nelle sue escursioni metempiriche. Kant, al contrario, con la *Critica della ragione pura* riteneva di avere mostrato una volta per tutte che la ragione che si spinge

1. Trad. it. di M. Venturini, *I sogni di un visionario spiegati coi sogni della metafisica*, introduzione di Guido Morpurgo-Tagliabue, Rizzoli, Milano, 1982, p. 165.

ad argomentare in merito alle idee metafisiche di Dio, dell'anima immortale e della libertà finisce inevitabilmente per impigliarsi in una serie di antinomie, senza poter dimostrare né concludere nulla. E tuttavia questa spinta verso l'Incondizionato corrisponde a un suo bisogno naturale. Esso non va dunque soppresso o rimosso, bensì soddisfatto, seguendo però rigorosamente l'unica bussola che può orientare il pensiero nel buio dell'Inconoscibile, cioè la ragione stessa.

Senza dunque prendere partito per l'uno o l'altro dei contendenti, Kant si impegna a chiarire che cosa significa pensare e come noi possiamo orientarci nella difficile navigazione verso l'Incondizionato a cui il pensiero ci spinge e nella quale non possiamo contare su alcun punto di riferimento.

Ecco dunque il filo conduttore dell'intervento di Kant. Muovendo da un elementare ma quanto mai efficace chiarimento etimologico, egli spiega che « orientarsi » significa « trovare l'oriente » e da qui risalire agli altri punti cardinali. Ora, come per orientarmi in senso geografico, cioè sulla terra, e in senso matematico, cioè nello spazio in generale, io debbo avere in me stesso il senso della destra e della sinistra, cioè ho bisogno di un criterio « soggettivo », a priori, per ordinare in successione i punti cardinali, così l'orientarsi nel pensiero richiede una bussola che indichi come procedere in un territorio che per noi, esseri finiti, che non disponiamo in esso di riferimenti visibili, è simile a una stanza buia. Tale bussola non può es-

sere per Kant che la ragione, più precisamente «il sentimento del *bisogno* proprio della ragione» (cfr. sotto, p. 50).
Il grande regiomontano si appella pertanto ai contendenti del *Pantheismusstreit* – in cui è in discussione la questione se la ragione porti inevitabilmente al panteismo e all'ateismo, e se dunque essa vada abbandonata per lasciare il posto alla fede e compiere quel «salto mortale» verso l'Assoluto, che è per Kant un «salto disperato» – e perora la causa della libertà di pensiero e dell'illuminismo affinché almeno gli «amici dell'umanità» non abbandonino la ragione e non ne minaccino l'autonomia, ma si sforzino di mantenere le condizioni, oggettive e soggettive, per il suo libero esercizio.

4. *Il bisogno della ragione di sognare*

La suggestiva risposta di Kant, imperniata sull'analogia tra l'orientamento geografico-matematico e quello del pensiero, nasconde in realtà alcune difficoltà. Già nello scritto precritico del 1768 *Von dem ersten Grunde des Unterschiedes der Gegenden im Raume* [Sul primo fondamento della distinzione delle regioni nello spazio] Kant si era occupato del problema dell'individuazione dei punti cardinali e già allora aveva riconosciuto l'imprescindibilità del senso della destra e della sinistra che il soggetto deve avere in sé per orientarsi. In quello scritto egli aggiungeva anche il senso del sopra e del sotto, dell'anteriore e del posteriore. Ora, l'analisi di Kant contiene una duplice intuizione:

1) l'orientamento affonda le sue radici nel soggetto e, senza tale radicamento, il semplice riferimento agli oggetti non basta per orientarsi;
2) il senso della destra e della sinistra non è un criterio *logico* bensì un criterio *sensibile*. Questa seconda intuizione assume un valore particolare dal momento che l'immagine dell'orientamento viene estesa al pensiero: anche l'orientamento in questa particolare attività viene radicato da Kant nel soggetto e anch'esso risulta irriducibile alla sola logica.

In verità, a ben guardare, le cose non stanno in modo così semplice. Il criterio soggettivo della destra e della sinistra non fornisce in realtà alcun orientamento se non è applicato a un termine di riferimento oggettivo, come rivela lo stesso esempio fatto da Kant: «Nell'oscurità sono in grado di orientarmi in una stanza a me nota *toccando un unico oggetto di cui ricordo la posizione*» (cfr. sotto, pp. 48-49, corsivo mio).

Ecco dunque una prima aporia: Kant pretende di stabilire un criterio soggettivo a priori dell'orientamento, ma in realtà mantiene surrettiziamente un riferimento oggettivo. L'incongruenza venne notata già da Wizenmann, l'«acuto autore dei *Resultate*» come lo definisce Kant (cfr. sotto, p. 46), il quale gli dedicherà anche una lunga nota della *Critica della ragione pratica* (V, 143). Ma è stato soprattutto Heidegger a sviluppare su questo punto una critica filosofica fondamentale che rovescia, per così dire, l'impostazione di Kant e sottolinea l'essenziale appartenenza del «soggetto», l'«esserci» (*Dasein*), al mondo.

« Sinistra e destra » argomenta Heidegger al par. 23 di *Essere e tempo* « non sono qualcosa di "soggettivo" per il quale il soggetto ha un suo senso particolare, ma sono direzioni dell'orientamento-direttivo entro un mondo già sempre in uso. "Mediante il semplice senso di una differenza dei miei due lati" non potrei mai orientarmi in un mondo. Un soggetto fornito del "semplice senso" di tale differenza è una finzione, un artificio che trascura la vera costituzione del soggetto e quindi il fatto che l'esserci, a cui dovrebbe riferirsi questo "semplice senso", è già sempre e *non può non essere sempre* in un mondo per potervisi orientare. E ciò risulta proprio dall'esempio che Kant fa per chiarire il fenomeno dell'orientamento. Supponiamo che io entri in una stanza nota ma oscura, e supponiamo che, durante la mia assenza, essa sia stata messa in subbuglio, in modo che tutto ciò che prima era a destra si trovi ora a sinistra. Per orientarmi, non mi servirà a nulla il "semplice senso della differenza" dei miei due lati finché non avrò riconosciuto un determinato oggetto, del quale Kant dice, di passaggio, che "ne ho impresso il luogo nella memoria". Ma tutto ciò sta a significare che io mi oriento necessariamente in un essere-presso un mondo che mi è "noto" e in base a esso. Il contesto delle cose-arnesi che costituiscono un mondo deve essere già dato all'esserci. Che io sia già sempre in un mondo, è non meno costitutivo della possibilità dell'orientamento che il senso della destra e della sinistra. Il fatto che questa costituzione d'essere dell'esserci sia ovvia non autorizza a sopprimerne il ruolo ontologico costitutivo ... L'interpretazione psicologica secondo la quale l'io deve aver conservato qualcosa "nella memoria" si riferisce, in realtà, alla costituzione esistenziale dell'essere-nel-mondo. Poiché Kant non vede questa struttura, si lascia sfuggire anche l'intero nesso della costituzione di un orientamento possibile. L'orientamento secondo la destra e la sinistra ha il proprio fondamento nell'essenziale orientamento-direttivo dell'esserci in generale, che, a sua volta, è insieme essenzialmente determinato dall'essere-nel-mondo. Kant non si propone di certo un'interpretazione tematica dell'orientamento. Egli vuole semplicemente mostrare che ogni orientamento necessita di un "principio soggettivo". Ma "soggettivo", qui, vuol dire a priori. L'a priori dell'orientamento a destra e a sinistra ha in realtà il proprio fondamento nell'a priori "soggettivo" dell'essere-nel-mondo, il quale, però, non ha nulla a che fare con la determinatezza preventivamente limitata a un soggetto senza mondo».

Ma c'è di più. Estendendo per analogia l'idea dell'orientamento al pensiero e alla sua navigazione nei tenebrosi spazi della metafisica, Kant si imbatte in una difficoltà non meno grave. Il nostro conoscere, per essere tale, deve riempire le forme vuote prodotte dal pensiero, cioè i concetti dell'intelletto o categorie, con i contenuti forniti dall'intuizione, cioè dalla sensibilità. Le forme dell'intelletto senza la sensibilità sono vuote, i contenuti della sensibilità senza le forme dell'intelletto ciechi. Ora,

nell'ambito metafisico noi non disponiamo di una intuizione intellettuale che ci esibisca i contenuti degli oggetti soprasensibili. Possediamo solo un *intellectus ectypus* e ci difetta l'*intellectus archetypus* di Dio, cosicché siamo qui incapaci di produrre conoscenza in senso vero e proprio. In questo ambito coperto per noi dall'oscurità, possiamo soltanto «pensare»: ma come è possibile orientarsi in siffatto pensiero? La risposta di Kant è sorprendente: in mancanza di princìpi oggettivi bisogna sospendere il giudizio (*Entsagung*) e attenersi a un principio soggettivo, «l'unico che rimane» e che «altro non è che il sentimento del *bisogno* proprio della ragione» (cfr. sotto, p. 50). Ma che cos'è questo bisogno? E quale orientamento può fornire?
Il bisogno della ragione è la sua esigenza di andare oltre la serie del condizionato spingendosi fino all'Incondizionato, di trascendere il sensibile per arrivare nel soprasensibile fino alla sintesi suprema dell'Assoluto. Questo bisogno è l'unico criterio soggettivo che rimane per orientarci circa le idee che pensiamo e ipotizziamo in relazione al soprasensibile, tra le quali la ragione sceglie quelle che soddisfano il suo bisogno: le idee della libertà, dell'anima immortale e di Dio. Esse corrispondono in effetti ai bisogni soggettivi della ragione (nel suo uso pratico): essa vuole pensare l'uomo come soggetto di azione libero e non come essere naturale sottoposto alle leggi della causalità; lo vuole pensare immortale affinché nell'altra vita esso sia premiato per la sua virtù con la feli-

cità; e vuole pensare un ente supremo, Dio, che si faccia garante con la sua somma bontà e la sua onnipotenza della sintesi di virtù e felicità. In tal senso l'orientamento nel pensiero è analogo all'orientamento geografico: anch'esso si radica in un bisogno soggettivo, anch'esso non è riducibile alla dimensione logica.

Nella *Critica della ragione pratica*, nella già ricordata nota in cui menziona Wizenmann, Kant mostra di tenere in gran conto l'obiezione che a tal proposito gli veniva avanzata da questa « mente molto lucida e acuta ». Wizenmann contestava a Kant « il diritto di inferire, da un bisogno, la realtà obiettiva del suo oggetto » e illustrava il suo argomento « con l'esempio di un uomo che, pazzamente innamorato di un'idea di bellezza che fosse interamente frutto della sua fantasia, volesse concludere che siffatto oggetto esistesse realmente da qualche parte ». Kant risponde distinguendo tra bisogno sensibile e bisogno della ragione: « Gli do pienamente ragione per tutti i casi in cui il bisogno sia fondato sull'*inclinazione*, che non può neanche postulare necessariamente l'esistenza del suo oggetto per colui che ne sia assalito, e molto meno contiene un'esigenza valida per ciascuno, e quindi è un fondamento meramente *soggettivo* dei desideri. Ma qui è un *bisogno della ragione* originantesi da un motivo determinante *obiettivo* della realtà, ossia della legge morale, che obbliga necessariamente ogni ente razionale, dunque lo autorizza a presupporre a priori, nella natura, le condizioni ad essa conformi, e rende queste

ultime inseparabili dall'uso pratico completo della ragione» (V, 143-44).[1]
Rimane tuttavia una differenza decisiva: nell'ambito sensibile l'orientamento in base al criterio soggettivo della destra e della sinistra è costitutivo, in quello del pensiero il bisogno della ragione è semplicemente regolativo. Ciò equivale a dire: le idee della libertà, dell'anima immortale e di Dio, che noi inseguiamo per un bisogno della ragione, sono e restano sogni: non sogni fantasticati, come le visioni celesti di Swedenborg, ma sogni ragionati, cioè chimere che vale la pena di sognare.

5. *Annessi e connessi*

Il saggio di Kant viene qui presentato insieme ad altri due scritti e a documenti epistolari che vi si connettono e che formano il contesto in cui esso fu concepito e redatto: si tratta dei due brevi saggi di Kant *Einige Bemerkungen zu L.H. Jakob's Prüfung der Mendelssohn'schen «Morgenstunden»* [*Alcune osservazioni sull'analisi delle «Ore mattutine» di Mendelssohn condotta da L.H. Jakob*] e *Beantwortung der Frage, ist es eine Erfahrung, daß wir denken?* [*Risposta alla domanda se pensare sia un'esperienza*] nonché di alcune lettere di Kant e a Kant relative alla controversia sul panteismo.
Nella lettera del 26 marzo 1786 (cfr. sotto, p.

1. Trad. it. *Critica della ragione pratica*, a cura di Anna Maria Marietti, introduzione di Giuseppe Riconda, Rizzoli, Milano, 1992, p. 459.

91) Ludwig Heinrich Jakob, fedele kantiano e docente di filosofia a Halle, chiese conferma a Kant di una notizia apparsa sulla « Gothaische gelehrte Zeitung » del 25 gennaio 1786: « Dal professor Kant ci attendiamo una confutazione della prova dell'esistenza di Dio che Mendelssohn ha addotto nella sua ultima opera dal titolo *Ore mattutine* ». Smentendo la notizia, che attribuisce a un « malinteso », nella lettera del 26 maggio Kant incoraggiò Jakob a cimentarsi di persona nella confutazione del libro di Mendelssohn, promettendogli anche un breve contributo riguardo a un passo specifico delle *Ore mattutine*. Il 17 luglio Jakob scrisse a Kant comunicandogli di avere ormai ultimato la stesura del libro. Ai primi di agosto Kant inviò a Jakob un breve saggio, datato 4 agosto 1786, dal titolo *Einige Bemerkungen zu L.H. Jakob's Prüfung der Mendelssohn'schen « Morgenstunden »*, che venne pubblicato subito dopo la prefazione di Jakob, alle pp. XLIX-LX, della *Prüfung der Mendelssohn'schen « Morgenstunden » oder aller spekulativen Beweise für das Daseyn Gottes in Vorlesungen von L.H. Jakob, Doctor der Philosophie in Halle. Nebst einer Abhandlung von Herrn Professor Kant* [Analisi delle « Ore mattutine » di Mendelssohn o di tutte le prove speculative dell'esistenza di Dio, in lezioni, di L.H. Jakob, dottore in filosofia a Halle. Con una trattazione del professor Kant], Heinsius, Leipzig, 1786.

Il secondo scritto, la *Beantwortung der Frage, ist es eine Erfahrung, daß wir denken?*, è uno dei sette saggi che Kant diede a Johann Gottfried Christian Kiesewetter nel corso delle visite che l'allievo gli rese più volte a Königsberg, fra il 1788 e il 1789 e successivamente nel 1791, e che costituivano la base dei loro colloqui filosofici che avevano luogo a intervalli regolari fra le dieci e le undici di mattina. Questi cosiddetti *Sieben kleine Aufsätze* furono pubblicati per la prima volta in Immanuel Kant, *Sämmtliche Werke*, a cura di Karl Rosenkranz e Friedrich Wilhelm Schubert, Voß, Leipzig, vol. XI, tomo I, 1841.

6. *La presente traduzione*

La presente traduzione segue l'edizione delle *Gesammelte Schriften* di Kant iniziata dalla Königlich Preußische Akademie der Wissenschaften (de Gruyter, Berlin-Leipzig, 1902 sgg.) – dove il saggio *Was heißt sich im Denken orientieren?* sta nel vol. VIII, pp. 131-47, *Einige Bemerkungen zu L.H. Jakob's Prüfung der Mendelssohn'schen « Morgenstunden »* nello stesso volume, pp. 149-55, e la *Beantwortung der Frage, ist es eine Erfahrung, daß wir denken?* nel vol. XVIII, pp. 318-20. Sono state tenute presenti inoltre le varianti testuali introdotte da Wilhelm Weischedel nell'edizione delle opere di Kant da lui curata (*Werke*, Insel, Frankfurt a. M., 1956-1964, più volte riedita presso Suhrkamp e la Wissenschaftliche Buchgesellschaft).
La traduzione delle lettere segue l'edizione del *Briefwechsel* di Kant a cura della Königlich Preußische Akademie der Wissenschaften, de Gruyter, Berlin-Leipzig, 1922 sgg., vol. X, se-

zione seconda, tomo I (1747-1788) – le lettere tradotte sono le nn. 248, 256, 260, 261, 264, 267 e 275 – e vol. XI, sezione seconda, tomo II (1788-1794) – le lettere tradotte sono le nn. 375, 389 e 411.

CHE COSA SIGNIFICA ORIENTARSI NEL PENSIERO

CHE COSA SIGNIFICA ORIENTARSI NEL PENSIERO

Per quanto in alto noi collochiamo i nostri concetti, e per quanto ci sforziamo di astrarre dalla sensibilità, essi rimangono pur sempre legati a rappresentazioni *figurate*, destinate propriamente a rendere atti all'*uso empirico* i concetti altrimenti non desunti dall'esperienza. Come potremmo infatti attribuire senso e significato ai nostri concetti, se non fosse loro sottesa una qualche intuizione (che in definitiva dev'essere sempre un esempio tratto da una qualche esperienza possibile)? Se a questo atto concreto dell'intelletto sottraiamo l'apporto dell'immagine – prima quello della percezione sensoriale casuale, poi la stessa intuizione sensibile pura in generale – ciò che resta è il puro concetto dell'intelletto, che aumenta così la sua portata e contiene una regola del pensiero in generale. In questo modo si è pervenuti alla stessa logica generale; e forse nell'uso empirico del nostro intelletto e della ragione si celano ancora metodi di pensiero *euristici* che, se solo riuscissimo a estrapolarli cautamente dall'esperienza, potrebbero certo arricchire la filosofia di qualche massima utile perfino nel pensiero astratto.

Di questo tipo è il principio che il defunto Mendelssohn, per quanto ne so, riconobbe espressamente solo negli ultimi scritti (nelle *Morgen-*

stunden [Ore mattutine], pp. 164-65, e nei *Briefe an Lessings Freunde* [Lettere agli amici di Lessing], pp. 33 e 67); si tratta della massima secondo la quale, per ORIENTARSI nell'uso speculativo della ragione (in cui Mendelssohn confidava altrimenti moltissimo riguardo alla conoscenza di oggetti sovrasensibili, al punto di innalzarlo all'evidenza della dimostrazione), è necessario un certo filo conduttore, da lui chiamato ora *senso comune* (*Ore mattutine*), ora *sana ragione*, ora *semplice buon senso* (*Agli amici di Lessing*). Chi avrebbe potuto pensare che questa ammissione non solo avrebbe compromesso la sua opinione favorevole sul potere dell'uso *speculativo* della ragione in questioni teologiche (cosa effettivamente inevitabile), ma che, a causa dell'ambiguità in cui egli aveva lasciato l'esercizio di questa facoltà a differenza della speculazione, proprio la sana ragione comune avrebbe corso il rischio di servire da principio all'esaltazione e alla completa detronizzazione della ragione? Nella disputa fra Mendelssohn e Jacobi ciò accadde tuttavia soprattutto a causa delle conclusioni non da poco cui giunse l'acuto autore dei *Resultate* [Risultati];[1] non intendo attribuire a nessuno dei due l'introduzione di un modo di pensare tanto pernicioso, e preferisco considerare l'impresa del secondo come un *argumentum ad hominem* di cui è lecito servirsi solo a titolo di difesa personale, per

1. J.G. Jacobi, *Briefe über die Lehre des Spinoza*, Breslau, 1785; Id., *Jacobi wider Mendelssohns Beschuldigung betreffend die Briefe über die Lehre des Spinoza*, Leipzig, 1786; *Die Resultate der Jacobischen und Mendelssohnschen Philosophie, kritisch untersucht von einem Freiwilligen*, Leipzig, 1786.

sfruttare a proprio vantaggio il punto debole dell'avversario. D'altro canto mostrerò che, come Mendelssohn affermava con fermezza e legittimo zelo, ciò su cui egli riteneva necessario orientarsi – e di cui si vantava – è *unicamente* la ragione, l'autentica, pura ragione umana, non già un preteso senso di verità segreto, né una fervida intuizione chiamata fede su cui tradizione e rivelazione possono innestarsi senza l'assenso della ragione; anche se ovviamente l'alta pretesa della facoltà speculativa di quest'ultima, e soprattutto il suo carattere squisitamente imperativo (mediante dimostrazione), vengono qui a cadere, sicché, in quanto è speculativa, le va assegnato unicamente il compito di liberare dalle contraddizioni il comune concetto razionale e di difendere dai *suoi stessi* attacchi sofistici le massime della sana ragione. – Ampliato e definito con maggiore precisione, il concetto dell'*orientarsi* può aiutarci a esporre con chiarezza la massima della sana ragione applicata alla conoscenza di oggetti sovrasensibili.

Letteralmente, *orientarsi* significa: determinare a partire da una certa regione del mondo (una delle quattro in cui suddividiamo l'*orizzonte*) le altre, in particolare l'*oriente*. Se vedo il sole alto nel cielo e so che è mezzogiorno, sono in grado di determinare il sud, l'ovest, il nord e l'est. A questo scopo bisogna tuttavia che io senta una differenza nel mio stesso *soggetto*, quella fra mano destra e sinistra. Lo chiamo *sentimento*, poiché esteriormente, nell'intuizione, i due lati non presentano alcuna differenza percettibile. Se non possedessi la facoltà che, nel tracciare un cerchio, e senza che al riguardo sia necessaria una qualsiasi diversità degli oggetti, mi consente ugualmente di distinguere il movimento da sinistra a destra da quello in direzione opposta, e, quindi, di determinare a priori una diversità nella posizione degli oggetti, non saprei se collocare l'ovest a destra o a sinistra del punto dell'orizzonte indicante il sud, né se per completare il cerchio e raggiungere nuovamente il sud devo passare per il nord e per l'est. Quindi nonostante tutti i dati oggettivi fornitimi dal cielo mi oriento *geograficamente* in base a un criterio di distinzione puramente *soggettivo*; e se un giorno, per miracolo, tutte le costellazioni, pur mantenendo l'attuale configurazione e posizione reciproca, ruotassero verso oriente anziché verso occidente, l'indomani, in una notte stellata, nessun occhio umano noterebbe il benché minimo mutamento, e anche l'astronomo, se prestasse attenzione solo a ciò che vede e non anche a ciò che sente, resterebbe inevitabilmente *disorientato*. Ma ecco che, grazie al sentimento della mano destra e sinistra, gli viene in aiuto in modo del tutto naturale la facoltà di distinguere che, posta dalla natura, diviene abituale in virtù di un frequente esercizio; basta che fissi la stella polare, ed egli non solo noterà il mutamento intervenuto, ma saprà anche *orientarsi* a dispetto di esso.

A questo punto posso estendere il concetto geografico dell'orientarsi e intendere con esso l'orientarsi in un dato spazio in generale, quindi in termini puramente *matematici*. Nell'oscurità sono in grado di orientarmi in una stanza a me nota toccando un unico oggetto di cui ricordo la posizione. Ma è chiaro che in questo caso mi giovo esclusivamente della facoltà di determinare le posizioni in base a un criterio di distinzione *soggettivo*, dal momento che non vedo affatto gli oggetti di cui devo determinare la posizione; e se per scherzo qualcuno li avesse disposti tutti nello stesso ordine fra loro, collocando però a sinistra quelli che prima erano a destra, non riuscirei più a raccapezzarmi nella stanza, anche se per il resto tutte le pareti fossero assolutamente identiche. Ma in tal caso mi oriento ben presto in base al puro sentimento della differenza fra i miei due lati, destro e sinistro. Lo stesso mi accade di notte, quando sono costretto a camminare e a svoltare al punto giusto per strade che conosco, ma in cui al momento non distinguo nemmeno una casa.

Infine, posso estendere ulteriormente questo concetto fino a farlo consistere nella facoltà di orientarsi non solo nello spazio, cioè in termini matematici, ma in generale nel *pensiero*, cioè in termini *logici*. Per analogia si può facilmente indovinare che sarà compito della ragione pura guidare il proprio uso quando essa, partendo da oggetti noti (dell'esperienza), vorrà estendersi al di là di tutti i confini dell'esperienza senza trovare alcun oggetto dell'intuizione, ma solo spazio per essa; in tal caso infatti, nella determinazione della sua capacità di giudizio, la ragione non è più in grado di sottomettere i suoi giudizi a una data massima secondo i fondamenti oggettivi della conoscenza, ma solo secondo un criterio di distinzione soggettivo.[1] Questo mezzo soggettivo, l'unico che rimane, altro non è che il sentimento del BISOGNO proprio della ragione. Per non sbagliare mai è sufficiente astenersi dal giudicare quando non si hanno le conoscenze necessarie a formulare un giudizio determinante. In sé l'ignoranza è quindi bensì la causa dei limiti, ma non degli errori della nostra conoscenza. Ma quando il voler o meno giudicare qualcosa in modo determinato non è così arbitrario, quando cioè il giudicare è reso necessario da un *bisogno* effettivo, inerente addirittura alla ragione in se stessa – e tuttavia si è limitati dalla mancante conoscenza degli elementi necessari al giudizio – occorre stabilire una massima secondo la quale formulare il nostro giudizio, poiché la ragione vuole infine essere soddisfatta. Se poi si è già stabilito che non può darsi qui alcuna intuizione dell'oggetto, e nemmeno qualcosa di simile, che ci permetta di presentare ai nostri concetti ampliati l'oggetto a essi adeguato, assicurandoli così quanto alla loro possibilità reale, non ci resta che verificare anzitutto se il concetto con cui osiamo spingerci al di là di ogni esperienza possibile è libero da contraddizioni, e in secondo luogo ricondurre quanto meno il *rapporto* dell'oggetto agli oggetti dell'esperienza a concetti puri dell'intelletto, col che non rendiamo ancora affatto sensibile l'oggetto, ma pensiamo pur sempre qualcosa di sovrasensibile come per lo meno ido-

1. In generale, *orientarsi* nel pensiero significa dunque: data l'insufficienza dei princìpi oggettivi della ragione, seguire, nel ritenere vero, un suo principio soggettivo.

neo all'uso empirico della nostra ragione. Senza tale precauzione, infatti, non potremmo fare alcun uso di un simile concetto e, anziché pensare, fantasticheremmo.
In questo modo, però, cioè tramite il mero concetto, non abbiamo concluso ancora nulla riguardo all'esistenza di questo oggetto e alla sua reale connessione con il mondo (inteso come quintessenza di tutti gli oggetti di cui è possibile fare esperienza). Ma a questo punto subentra *il diritto del bisogno* della ragione, quale fondamento soggettivo, di presupporre e di ammettere qualcosa che essa non può pretendere di sapere in base a fondamenti oggettivi, cioè il diritto di *orientarsi* nel pensiero – nello spazio smisurato del sovrasensibile per noi avvolto da tenebre profonde – unicamente in virtù del proprio bisogno.
È possibile pensare qualcosa di sovrasensibile (gli oggetti dei sensi non esauriscono infatti l'intero ambito di ogni possibilità) anche quando la ragione non sente alcun bisogno di estendersi fino a esso, né tanto meno di ammetterne l'esistenza. Le cause operanti nel mondo che si manifestano ai sensi (o che per lo meno sono dello stesso tipo di quelle che si manifestano loro) tengono talmente occupata la ragione che essa non ha bisogno di ricorrere, per rinforzarle, all'influsso di esseri naturali puramente spirituali, la cui supposizione finirebbe piuttosto per pregiudicarne l'uso. Infatti, poiché non sappiamo nulla delle leggi in base alle quali tali esseri potrebbero agire, mentre sappiamo molto degli oggetti dei sensi – e possiamo comunque sperare di saperne di più – un

tale presupposto non farebbe che danneggiare l'uso della ragione. Il fatto di ricercare in questa direzione, o di giocare con questo tipo di chimere, non è affatto la risposta a un bisogno, ma piuttosto pura sfacciataggine che dà origine solo a fantasticherie. Ben altrimenti stanno le cose con il concetto di un *essere originario* primo, inteso come intelligenza suprema e al tempo stesso come sommo bene. Infatti non solo la nostra ragione sente già un bisogno di porre il *concetto* dell'illimitato a fondamento di quello di tutto ciò che è limitato, e quindi di tutte le altre cose,[1] ma questo biso-

1. Dal momento che, per la possibilità di tutte le cose, la ragione deve presupporre come data la realtà, e considera la diversità delle cose attraverso le negazioni che ineriscono loro solo come limiti, essa si vede costretta a porre a fondamento come unica possibilità originaria quella dell'essere illimitato, considerando quindi derivate tutte le altre. E dal momento che anche la possibilità in generale di ogni cosa va ricercata nella totalità dell'esistenza, o che quanto meno è solo così che il principio della determinazione in generale mette la nostra ragione nelle condizioni di distinguere il possibile dal reale, troviamo che la necessità di porre a fondamento di ogni possibilità l'esistenza di un essere massimamente reale (sommo) ha una ragione soggettiva, è cioè un bisogno della nostra stessa ragione. In questo senso, la prova *cartesiana* dell'esistenza di Dio ha origine dal fatto che si ritengono oggettive ragioni soggettive per presupporre qualcosa per l'uso della ragione (che in fondo rimane sempre solo un uso empirico), scambiando quindi *un bisogno per una cognizione*. Le cose stanno così sia in questa, sia in tutte le prove addotte dall'ottimo Mendelssohn nelle sue *Ore mattutine*, che non producono nulla al fine di una dimostrazione, ma non per questo sono inutili. Per non parlare della bella occasione che questi acutissimi sviluppi delle condizioni soggettive dell'uso della ragione danno per conoscere com-

gno giunge a presupporre anche l'*esistenza* dell'illimitato, senza la quale sarebbe impossibile rendere ragione in modo soddisfacente sia della contingenza dell'esistenza delle cose nel mondo, sia soprattutto della finalità e dell'ordine che ovunque si incontrano in misura tanto ammirevole (nel piccolo, poiché ci è più vicino, più ancora che nel grande). Se non si suppone un artefice intelligente non si può indicare *alcuna* ragione *intelligibile* di ciò senza incorrere in una serie di assurdità; e anche se non siamo in grado di *dimostrare* che senza una prima *causa intelligente* tale finalità risulta impossibile (poiché in tal caso avremmo ragioni oggettive sufficienti per avallare questa affer-

pletamente questa nostra facoltà, rappresentando a tal fine esempi permanenti; così, il fatto che in mancanza di ragioni oggettive, ma nella necessità di formulare un giudizio, riteniamo vero qualcosa in base a ragioni soggettive dell'uso della ragione, è pur sempre di grande importanza; solo che non dobbiamo spacciare per *libera cognizione* ciò che è soltanto *presupposto* inevitabile, in modo da non offrire senza bisogno all'avversario con cui ci siamo messi a *dogmatizzare* punti deboli di cui si possa servire a nostro svantaggio. Mendelssohn non pensava certo che *dogmatizzare* con la ragione pura nell'ambito del sovrasensibile conducesse direttamente all'esaltazione filosofica, e che solo la critica di questa stessa facoltà della ragione garantisse un rimedio radicale a questo male. È vero che la disciplina del metodo scolastico (quello wolffiano, per esempio, che proprio perciò egli consigliava), poiché ogni concetto va determinato da definizioni e ogni passo giustificato da princìpi, può realmente mitigare per un certo periodo questo eccesso, ma essa non può preservarcene completamente. Con che diritto si vuole impedire alla ragione di proseguire in un ambito in cui, per sua stessa ammissione, ha già colto così buoni risultati? Dov'è il confine dinanzi al quale dovrebbe arrestarsi?

mazione, e non dovremmo ricorrere a una ragione soggettiva), stante questa carenza cognitiva, per fare una simile *supposizione* rimane pur sempre la ragione soggettiva sufficiente che, per spiegare una data apparenza, la ragione *ha bisogno* di presupporre qualcosa che le sia intelligibile, poiché tutto ciò a cui essa, in caso contrario, potrebbe collegare solo un concetto non soddisfa questo bisogno.

Il bisogno della ragione può essere visto da una duplice prospettiva: *in primo luogo* nel suo uso *teoretico*, *in secondo luogo* nel suo uso *pratico*. Il primo bisogno è stato or ora indicato, ma è chiaro che esso è soltanto condizionato, cioè dobbiamo supporre l'esistenza di Dio se *vogliamo giudicare* le cause prime di tutto il contingente, soprattutto nell'ordine dei fini realmente posti nel mondo. Di gran lunga più importante è il bisogno della ragione nel suo uso pratico, poiché è incondizionato e noi siamo costretti a presupporre l'esistenza di Dio non solo quando *vogliamo* giudicare, ma perché *dobbiamo giudicare*. Il puro uso pratico della ragione consiste infatti nella prescrizione delle leggi morali. Esse conducono tutte all'idea del *bene più alto* possibile nel mondo, in quanto lo si può raggiungere tramite la sola *libertà*, conducono cioè alla *moralità*; d'altro canto esse conducono anche a ciò che non dipende dalla sola libertà umana, ma anche dalla *natura*, ovvero alla massima *felicità*, in quanto è distribuita in proporzione alla moralità. Ora, la ragione *ha bisogno* sia di tale sommo bene *dipendente*, sia di supporre a questo scopo un'intelligenza suprema come sommo bene *indipendente*, e ciò non per dedurne l'autorità vincolante delle leggi morali o la molla che ci induce a osservarle (esse infatti non avrebbero alcun valore morale se il loro movente fosse dedotto da qualcos'altro che dalla sola legge, che di per sé è apoditticamente certa), ma solo per dare realtà oggettiva al concetto di sommo bene, per impedire cioè che, qualora ciò la cui idea accompagna inseparabilmente la moralità non esistesse da nessuna parte, il sommo bene, insieme all'intera moralità, venga considerato un mero ideale.

Ciò su cui Mendelssohn (senza rendersene conto) si è orientato nel pensiero speculativo non è dunque *conoscenza*, ma *bisogno* sentito[1] della ragione. E poiché questo filo conduttore non è un principio oggettivo della ragione, un principio cognitivo, ma un principio meramente soggettivo (cioè una massima) del solo uso che le è concesso dai suoi limiti, una conseguenza del bisogno, e costituisce *per sé solo* l'intera ragione di essere del nostro giudizio sull'esistenza dell'essere supremo – giudizio di cui l'orientarsi nei tentativi speculativi riguardanti questo oggetto è solo un uso contingente – Mendelssohn ha senz'altro sbagliato ad attribuire nondimeno a tale speculazione addirit-

1. La ragione non sente; essa riconosce la sua manchevolezza, e attraverso l'*impulso alla conoscenza* suscita il sentimento del bisogno. Il caso è analogo a quello del sentimento morale, che non è causa di alcuna legge morale – che infatti ha origine interamente dalla ragione – ma viene causato o prodotto da leggi morali, e quindi dalla ragione, poiché la viva e pur libera volontà ha bisogno di ragioni determinate.

tura la capacità di fare tutto da sé per la via della dimostrazione. La necessità del primo mezzo poteva palesarsi soltanto in seguito all'aperta ammissione dell'insufficienza del secondo: un'ammissione a cui il suo acume avrebbe certamente finito per portare Mendelssohn, se solo insieme a una vita più lunga gli fosse stata concessa anche quell'agilità mentale, propria soprattutto della giovinezza, necessaria per adeguare prontamente il vecchio modo abituale di pensare ai mutamenti intervenuti nello stato delle scienze. Ciò nonostante gli resta il merito di avere insistito sul fatto che, qui come ovunque, la pietra ultima di paragone per stabilire l'ammissibilità di un giudizio va ricercata *esclusivamente nella ragione*, non importa se essa, nella scelta dei suoi principi, venga guidata da una cognizione oppure da un mero bisogno e dalla massima della propria convenienza. Egli chiamava la ragione nel suo secondo uso comune ragionevolezza umana, poiché quest'ultima guarda sempre anzitutto al proprio interesse, mentre bisogna già essere usciti dai binari naturali per dimenticare tale interesse e indagare oziosamente fra i concetti in una prospettiva oggettiva, al solo scopo di ampliare il proprio sapere, ve ne sia o meno la necessità.

Ma poiché nella questione qui affrontata l'espressione «sentenza della sana ragione» è tuttora ambigua e può essere interpretata come giudizio derivante sia da una *cognizione razionale*, come erroneamente la intese lo stesso Mendelssohn, sia da un'*ispirazione razionale*, come sembra intenderla l'autore dei *Risultati*, è necessario dare una diversa denominazione a questa fonte del giudizio, e la più adeguata di tutte è quella di FEDE RAZIONALE. Ogni fede, perfino quella storica, dev'essere *razionale* (poiché la pietra ultima di paragone della verità è sempre la ragione), ma fede razionale è solo quella che si fonda esclusivamente sui dati contenuti nella ragione *pura*. Ogni *fede* è dunque un ritenere vero che in termini soggettivi è sufficiente, ma in termini oggettivi è *cosciente* della propria insufficienza; perciò essa viene contrapposta al *sapere*. D'altro canto, quando si ritiene vero qualcosa per ragioni oggettive, sia pure nella coscienza della loro insufficienza, quando cioè semplicemente si *opina* qualcosa, questo *opinare* può alla fine diventare un *sapere* attraverso una progressiva integrazione dello stesso genere di ragioni. Se invece le ragioni per le quali riteniamo vero qualcosa non hanno nessuna validità oggettiva, la fede non potrà mai trasformarsi in sapere, nemmeno con l'uso della ragione. La fede storica – per esempio credere alla morte di un grande personaggio attestata da alcune lettere – può *diventare un sapere* a patto che le autorità locali la denuncino, dando notizia della sua sepoltura, del testamento, eccetera. Il fatto quindi che dal punto di vista storico si ritenga vero, cioè si creda qualcosa solo in base a testimonianze – per esempio che esista al mondo una città chiamata Roma, e che anche chi non l'ha mai visitata possa dire ugualmente « io *so* », e non semplicemente « io *credo* », che Roma esiste – è senz'altro compatibile. Viceversa, non c'è dato naturale della ragione e dell'esperienza che possa mai trasformare in sapere la pura *fede razionale*, poiché in questo caso la ragione del ritenere vero è meramente soggettiva, è cioè il bisogno necessario (che sussisterà sempre, finché saremo uomini) che la ragione ha di *presupporre* soltanto, non già di dimostrare, l'esistenza di un essere supremo. Questo bisogno della ragione di un uso *teoretico* che la soddisfi altro non sarebbe che una mera *ipotesi razionale*, cioè un'opinione che per ragioni soggettive è sufficiente per ritenere vero qualcosa: e ciò perché per *spiegare effetti* dati non ci si potrà mai attendere altra ragione che questa, e la ragione ha pur bisogno di una ragione esplicativa. Viceversa, la *fede razionale*, basata sul bisogno del suo uso in prospettiva *pratica*, potrebbe definirsi un *postulato* della ragione: non già perché si tratti di una cognizione che soddisfa ogni esigenza logica di certezza, bensì perché questo ritenere vero (sempre che nell'uomo tutto sia moralmente ben disposto) quanto al rango non è secondo a nessun sapere,[1] pur differenziandosene completamente quanto alla specie.

Una pura fede razionale è dunque la guida o la bussola con cui il pensatore speculativo può

1 La *saldezza* della fede implica la coscienza della sua *immutabilità*. Sono assolutamente certo che nessuno potrà confutarmi l'affermazione: « Vi è un Dio »; infatti, da dove può mai saperlo? Nella fede razionale le cose stanno quindi diversamente che in quella storica, in cui è pur sempre possibile che vengano trovate prove che dimostrano il contrario e in cui dobbiamo sempre riservarci di mutare opinione se la nostra conoscenza dei fatti dovesse ampliarsi.

orientarsi nelle sue peregrinazioni razionali nell'ambito degli oggetti sovrasensibili, e con cui l'uomo dotato di una ragionevolezza comune, ma (moralmente) sana, può tracciare la propria via, perfettamente adeguata dal punto di vista sia teoretico sia pratico all'intero fine della sua destinazione; e questa stessa fede razionale va posta a fondamento di ogni altra fede, anzi di ogni rivelazione.

Il *concetto* di Dio e la stessa convinzione della sua *esistenza* si possono rinvenire solo ed esclusivamente nella ragione, derivano solo da essa, e non ci vengono forniti in anticipo né da un'ispirazione né da una novella comunicataci da un'autorità, per quanto grande. Se ho un'intuizione immediata, tale che a fornirmela non può essere affatto la natura – per quanto la conosco –, è pur sempre necessario un concetto di Dio che serva da criterio per verificare se un'apparenza siffatta concordi con le caratteristiche di una divinità. Sebbene io non comprenda affatto come sia possibile che una qualsiasi apparenza rappresenti – anche soltanto secondo la qualità – ciò che si può sempre soltanto pensare, ma mai intuire, è chiaro almeno che per stabilire se ciò che mi appare e agisce interiormente o esteriormente sul mio sentimento è Dio, devo attenermi al mio concetto razionale di Dio e verificare non se egli si adegua a esso, ma soltanto se non lo contraddice. Ma anche se tutti i modi in cui egli mi si rivelasse direttamente non contraddicessero in nulla quel concetto, tale apparenza, intuizione, rivelazione diretta, o comunque si voglia chiamare una rappresentazione siffatta, non dimostrerebbe mai l'esistenza di un essere il cui concetto (se non si vuole determinarlo in modo incerto, esponendolo alla commistione con ogni sorta di follie), per distinguersi da tutte le creature, esige la dimensione dell'*infinità*, un concetto quindi a cui nessuna esperienza o intuizione sarà mai adeguata, e che dunque non potrà mai dimostrare in modo inequivocabile l'esistenza di un essere così concepito. Nessuno può quindi persuadersi dell'esistenza dell'essere sommo *in anticipo*, mediante una qualche intuizione. Prima deve intervenire la fede razionale, e solo allora, semmai, certi fenomeni o rivelazioni potrebbero spingerci a chiedere se siamo davvero autorizzati a ritenere che ciò che ci parla o ci si rappresenta è una divinità, e confermare a nostro giudizio questa fede.

Se dunque alla ragione viene contestato il diritto che le spetta di parlare *per prima* in questioni riguardanti oggetti sovrasensibili, come l'esistenza di Dio e il mondo futuro, si spalancano le porte a ogni tipo di esaltazione e di superstizione, e perfino all'ateismo. Eppure nella disputa fra Jacobi e Mendelssohn tutto sembra tendere a questo sovvertimento – non so se soltanto della *cognizione razionale* e del sapere (in virtù di una presunta forza speculativa) o addirittura anche della *fede razionale* – e all'affermazione per contro di un altro tipo di fede che ognuno può costruirsi a proprio piacimento. Quando si vede affermato il concetto *spinoziano* di Dio come l'unico conforme a tutti i princìpi della ragione,[1] ma che tuttavia va rigettato, si è quasi indotti ad accogliere la seconda ipotesi. Infatti, benché si accordi molto bene con la fede razionale il fatto di ammettere che la stessa ragione speculativa non è in

1. Mi risulta pressoché incomprensibile che gli studiosi sopra citati abbiano potuto trovare nella *Critica della ragione pura* un punto d'appoggio per lo spinozismo. Riguardo alla conoscenza di oggetti sovrasensibili la *Critica* tarpa completamente le ali al dogmatismo, mentre lo spinozismo è talmente dogmatico in proposito da competere perfino con i matematici quanto a rigore dimostrativo. La *Critica* dimostra che la tavola dei concetti puri dell'intelletto deve contenere tutti i materiali del pensare puro; lo spinozismo parla di pensieri che pensano da sé, e quindi di un accidente che esiste al tempo stesso per sé in quanto soggetto, ma un concetto simile non si trova nell'intelletto umano e non può nemmeno esservi introdotto. La *Critica* mostra che per affermare la possibilità di un essere, che pure è pensato, non è affatto sufficiente che il suo concetto non presenti contraddizioni (sebbene in caso di necessità sia comunque lecito ammettere questa possibilità); ma lo spinozismo pretende di riconoscere l'impossibilità di un essere la cui idea è costituita esclusivamente da puri concetti dell'intelletto – a cui cioè sono state solo sottratte tutte le condizioni della sensibilità e in cui quindi non si potrà mai rinvenire una contraddizione – ma non ha alcun argomento a sostegno di questa arrogante pretesa che oltrepassa ogni limite. Ecco perché lo spinozismo conduce all'esaltazione. Viceversa, il mezzo più sicuro per estirpare alla radice ogni esaltazione consiste nello stabilire i confini della pura facoltà razionale. Così pure un altro studioso individua una *scepsi* nella *Critica della ragione pura*, benché essa miri a stabilire qualcosa di certo e determinato riguardo all'estensione della nostra conoscenza a priori. Ugualmente egli individua una *dialettica* nelle ricerche critiche, che sono invece finalizzate a dissolvere e a bandire per sempre l'inevitabile dialettica in cui si impiglia e si ingarbuglia la ragione pura guidata ovunque in

grado di concepire nemmeno la *possibilità* di un essere con le caratteristiche di Dio quale noi dobbiamo pensarlo, è viceversa incompatibile con ogni fede, e in generale con ogni ritenere vera un'esistenza, il fatto che la ragione concepisca addirittura l'*impossibilità* di un oggetto e nondimeno ne riconosca la realtà in base ad altre fonti.

O uomini dotati di capacità intellettuali e di larghe vedute! Stimo il vostro talento e amo la vostra sensibilità. Ma avete riflettuto attentamente su ciò che state facendo e sulle conseguenze dei vostri attacchi alla ragione? Senza dubbio volete che la *libertà di pensiero* rimanga intatta, poiché senza di essa anche i liberi slanci del vostro genio finirebbero presto. Cerchiamo quindi di vedere che cosa inevitabilmente ne sarebbe della libertà di pensiero, se la procedura da voi inaugurata prendesse il sopravvento.

Alla libertà di pensiero si contrappone IN PRIMO LUOGO la *costrizione sociale*. In verità si è soliti dire che un potere superiore può privarci della libertà di *parlare* o di *scrivere*, ma non di *pensare*. Ma quanto, e quanto correttamente *penseremmo*, se non pensassimo per così dire in comune con altri a cui *comunichiamo* i nostri pensieri, e che ci *comunicano* i loro? Quindi si può ben dire che quel potere esterno che strappa agli uomini la libertà di *comunicare*

modo dogmatico. I neoplatonici che si chiamarono eclettici poiché ritrovavano dappertutto in autori più antichi quei cavilli che essi stessi vi avevano preventivamente introdotto, procedevano nello stesso modo: dunque, nulla di nuovo sotto il sole.

pubblicamente i loro pensieri, li priva anche della libertà di *pensare*, cioè dell'unico tesoro rimastoci in mezzo a tutte le imposizioni sociali, il solo che ancora può consentirci di trovare rimedio ai mali di questa condizione.

IN SECONDO LUOGO, la libertà di pensiero è intesa nel significato secondo il quale le si contrappone quella *costrizione della coscienza* che si verifica quando alcuni cittadini privi di qualsiasi potere esterno in questioni religiose si ergono a tutori di altri cittadini e, non con argomentazioni, ma con formule di fede precostituite e accompagnate dall'ansioso timore del *pericolo di un'indagine autonoma*, riescono a bandire ogni verifica razionale mediante un precoce condizionamento degli animi.

IN TERZO LUOGO, libertà di pensiero significa anche che la ragione si sottomette solo ed esclusivamente alla legge *che essa stessa si dà*. A ciò si contrappone la massima di un USO SENZA LEGGE della ragione (per vedere così, come presume erroneamente il genio, oltre i limiti della legge). La conseguenza è naturalmente questa: se la ragione non vuole sottomettersi alla legge che essa stessa si dà, deve necessariamente piegarsi al giogo delle leggi imposte da altri, poiché senza una qualche legge niente, nemmeno l'assurdità più grande, può sussistere a lungo. La conseguenza inevitabile dell'assenza *dichiarata* di leggi nel pensare (cioè della liberazione dai limiti imposti dalla ragione) è dunque la seguente: alla fin fine ci rimettiamo la libertà di pensiero, e poiché la colpa non è della sfortuna, ma della nostra tracotanza,

siamo noi a *giocarcela* nel vero senso della parola.
Le cose vanno all'incirca così. In un primo tempo, il *genio*, sbarazzatosi del filo con cui un tempo la ragione lo guidava, si compiace molto dell'audacia dei propri slanci. Presto anche altri sono incantati dalla perentorietà delle sue affermazioni e dalle sue grandi aspettative, ed egli sembra essersi ormai assiso su un trono che la ragione grave e pedante male adornava, pur continuando a servirsi del suo linguaggio. Noi, comuni mortali, chiamiamo ESALTAZIONE la massima qui assunta della nullità della ragione supremamente legislatrice, mentre quei favoriti della natura benevola la chiamano *illuminazione*. Ora, dal momento che anche fra costoro non può tardare a sorgere una confusione di linguaggi, poiché ognuno segue la propria ispirazione, mentre solo la ragione è in grado di dare prescrizioni valide per tutti, così, da ispirazioni interiori, finiscono per scaturire dati di fatto esteriori avallati da testimonianze, e da tradizioni inizialmente scelte in modo autonomo conseguono, con il passare del tempo, documenti imposti; ne deriva cioè, in una parola, la totale sottomissione della ragione ai dati di fatto, ovvero la SUPERSTIZIONE, poiché essa si lascia ricondurre quanto meno a una forma *legale* e dunque a una stabilità.
Ma dal momento che la ragione umana tende pur sempre verso la libertà, il primo uso che, una volta spezzate le catene, essa fa di una libertà a cui da tempo era disavvezza, sfocia inevitabilmente nell'abuso e in una temeraria fiducia nell'indipendenza della sua facoltà da

tutte le limitazioni, cioè nella persuasione dell'assolutezza della ragione speculativa, che ammette solo ciò che si può giustificare in base a fondamenti *oggettivi* e a convinzioni dogmatiche, rigettando audacemente tutto il resto. La massima dell'indipendenza della ragione dal *suo stesso bisogno* (rinuncia alla fede razionale) si chiama INCREDULITÀ. Non si tratta di un'incredulità storica, poiché questa non può essere considerata intenzionale, né, quindi, imputabile (perché ognuno, volente o nolente, a un fatto sufficientemente assodato deve credere tanto quanto a una dimostrazione matematica), ma di un'*incredulità della ragione*. È questa una condizione spiacevole dell'animo umano, che priva le leggi morali dapprima di ogni presa dei moventi sul cuore, e, col tempo, di qualsiasi autorità, ingenerando il modo di pensare chiamato LIBERTINISMO, basato sul principio di non riconoscere più alcun dovere. A questo punto entra in gioco l'autorità, preoccupata che la stessa vita sociale non cada nel disordine più assoluto; e poiché il metodo più spiccio e deciso è per lei giusto il migliore, essa sopprime totalmente la libertà di pensiero, sottomettendo quest'ultimo come ogni altra attività alla legislazione ordinaria. Ed è così che la libertà di pensiero, quando intende procedere svincolata dalle leggi della ragione, finisce per distruggere se stessa.

Amici dell'umanità e di ciò che le è più sacro! Assumete pure ciò che a un esame schietto e accurato vi appare più credibile, si tratti di fatti o di motivi razionali, ma non contestate alla ragione ciò che la rende il bene sommo in terra, cioè il privilegio di fungere da pietra ultima di paragone della verità.[1] In caso contrario, perderete certamente una libertà di cui siete ormai indegni, riversando questa sventura anche su quella residua parte incolpevole che altrimenti sarebbe stata senz'altro disposta a servirsi della propria libertà in maniera *conforme alla legge*, cioè finalizzata al bene del mondo.

1. *Pensare da sé* significa cercare in se stessi (cioè nella propria ragione) la pietra ultima di paragone della verità; e la massima che invita a pensare sempre da sé è l'ILLUMINISMO. In fondo ciò non è poi così difficile, come immaginano coloro che ritengono che l'illuminismo consista di *cognizioni*, mentre esso è piuttosto un principio negativo nell'uso della propria facoltà cognitiva, tanto che spesso chi è ricchissimo di cognizioni ne fa un uso assai poco illuminato. Servirsi della propria ragione non significa nient'altro che chiedersi, ogni qualvolta si deve assumere qualcosa, se si ritiene davvero possibile eleggere la ragione di tale assunzione, o anche la regola che consegue da ciò che si assume, a principio generale del proprio uso della ragione. Chiunque può farne da sé la prova, e, pur non avendo affatto le conoscenze necessarie a confutare in base a ragioni oggettive la superstizione e l'esaltazione, le vedrà svanire rapidamente, dal momento che si limita a servirsi della massima dell'*autoconservazione* della ragione. Radicare l'illuminismo in *singoli soggetti* mediante l'educazione è quindi assai facile; basta abituare per tempo le giovani menti a questo tipo di riflessione. Illuminare *un'epoca* è invece molto laborioso, poiché si trovano numerosi ostacoli esterni che in parte impediscono, in parte rendono difficile un'educazione siffatta.

ALCUNE OSSERVAZIONI SULL'ANALISI DELLE «ORE MATTUTINE» DI MENDELSSOHN CONDOTTA DA LUDWIG HEINRICH JAKOB

Leggendo l'ultimo scritto di Mendelssohn da lui stesso pubblicato e in cui si percepisce la fiducia per nulla sminuita di questo provetto filosofo nella prova *dimostrativa* del più importante di tutti i princìpi della ragione pura, si è tentati di considerare frutto di un'infondata meticolosità gli angusti confini che una critica scrupolosa pone a questa facoltà conoscitiva, e di ritenere confutate dalla *pratica* tutte le obiezioni nei confronti della *possibilità* di tale impresa. Ora, è senz'altro vero che per una causa buona e indispensabile alla ragione umana appare per lo meno non controproducente il fatto che essa si fondi al massimo su congetture che l'uno o l'altro può scambiare per prove in piena regola, dal momento che alla fin fine, qualunque sia la via percorsa, si giunge necessariamente allo stesso principio, senza il quale la ragione non può mai soddisfare pienamente se stessa. Sennonché a questo punto subentra una importante riserva circa la via che si imbocca. Infatti, una volta concessa alla ragione pura, nel suo uso speculativo, la facoltà di estendersi cognitivamente al di là dei confini del sensibile, non è più possibile limitarla a quest'unico oggetto; non soddisfatta di vedersi schiudere in tal modo un vasto campo aperto a ogni tipo di fantasticheria, essa si crede capace di decidere mediante sofismi perfino in merito alla possibilità di un essere sommo (secondo il concetto adoperato dalla religione) – ne troviamo esempi in Spinoza e perfino ai giorni nostri – e quindi, in virtù di un dogmatismo arrogante, di *abbattere* quel principio con la stessa temerarietà con cui ci si era vantati di poterlo *erigere*. Se invece riguardo al sovrasensibile una critica rigorosa tarpa le ali a tale dogmatismo, quella fede può venire completamente assicurata entro una supposizione ben fondata dal punto di vista pratico, ma teoreticamente inconfutabile. Perciò una confutazione di quelle pretese, per quanto benintenzionate, lungi dall'essere controproducente, è piuttosto molto vantaggiosa e addirittura indispensabile alla causa stessa.

È questo il compito che si è assunto l'autore dell'opera in esame; avendomi egli fatto pervenire un piccolo saggio che ne dimostra l'acume e il talento divulgativo, mi compiaccio di accompagnarne lo scritto con alcune considerazioni inerenti all'argomento trattato.

Per essere dispensato dall'arduo compito di *dirimere* la contesa della ragione pura con se stessa mediante una critica completa di questa sua facoltà, nelle *Ore mattutine* l'acuto Mendelssohn ricorre a due artifici di cui solitamente si servono quei giudici indolenti che o *compongono* la questione in termini amichevoli oppure la *respingono* dichiarando che nessun tribunale è competente in materia.

La prima massima si trova a pagina 214 della prima edizione: « Sapete bene quanto io sia incline a considerare tutte le controversie fra le scuole filosofiche come mere dispute verbali, o quanto meno come originariamente derivabili da dispute verbali ». Ed è infatti questa la massima che egli segue in quasi tutti gli articoli polemici dell'intera opera. Personalmente sono di tutt'altro avviso e sostengo che, soprattutto in filosofia, la disputa che sta alla base di argomenti lungamente discussi non è mai verbale, ma è sempre una vera controversia su cose. Infatti, sebbene in ogni lingua vi siano parole adoperate in molteplici accezioni differenti, in genere non ci vuole molto perché coloro che inizialmente non concordano sull'uso di una stessa parola si avvedano del malinteso e la sostituiscano con altre: ecco perché in definitiva esistono così pochi omonimi e sinonimi veri e propri. In tal modo Mendelssohn cercò di ricondurre a una mera disputa verbale l'annosa controversia circa *libertà* e *necessità naturale* nelle determinazioni della volontà (« Berlinische Monatsschrift », luglio 1783), poiché il verbo « dovere » viene adoperato in due diverse accezioni (una puramente oggettiva, l'altra soggettiva); ma (per dirla con Hume) è come se egli avesse voluto fermare l'oceano tappando la falla con un fascio di paglia. Già da tempo infatti i filosofi hanno abbandonato questa espressione, di cui si è facilmente abusato, per ricondurre la questione a una formulazione che la enuncia in termini più generali; si sono chiesti cioè se gli eventi che accadono nel mondo (e di cui fanno parte anche le nostre azioni volontarie) siano o meno determinati nella serie delle cause efficienti che li precedono. Evidentemente, in questo caso non si tratta più di

una disputa verbale, ma di una controversia importante, non decidibile da alcuna metafisica dogmatica. Di tale artificio quest'uomo sottile si serve quasi ovunque nelle *Ore mattutine*, quando non riesce a risolvere le difficoltà come dovrebbe; ma c'è da temere che, pur ricorrendo ad artifici per generare ovunque, sottilizzando, *logomachie*, egli cada invece in una *logodedalia*, che è quanto di più controproducente possa mai accadere alla filosofia.
La *seconda massima* mira, in apparenza secondo una legge, ad arrestare a un certo grado (che non è affatto quello superiore) l'indagine della ragione pura, insomma a chiudere la bocca *a colui che pone domande*. A pagina 116 delle *Ore mattutine* si legge: « Se vi dico come agisce o che cosa patisce una determinata cosa, non continuate a chiedere che cos'è! Se vi dico che concetto dovete farvi di una determinata cosa, non ha senso chiedere anche che cosa essa sia in sé ». Ma se (come ho mostrato nei *Primi princìpi metafisici della scienza della natura*) ammetto che della natura fisica non conosciamo che lo spazio (che non è ancora nulla di esistente, bensì la mera condizione di luoghi esterni gli uni agli altri, cioè di meri rapporti esterni), e che la cosa nello spazio, oltre al fatto che vi è spazio anche in essa (poiché anch'essa è estesa), non ci fa conoscere altra azione oltre al movimento (mutamento di luogo, cioè di meri rapporti), e quindi altra forza o qualità passiva oltre alla forza motrice e alla mobilità (mutamento di rapporti esterni), allora vorrei proprio che Mendelssohn, o chi per lui, mi dicesse se posso credere di conoscere una cosa per *ciò*

che è, quando di essa so solo che si tratta di un'entità che sta in rapporti esterni e nella quale a sua volta stanno rapporti esterni, che tali rapporti possono mutare in essa e da essa venire mutati in altre cose, e che quindi la causa di tale mutamento (forza motrice) si trova nei rapporti stessi. In una parola, vorrei che mi dicesse se, dal momento che non conosco nient'altro che relazioni fra qualcosa e qualcos'altro – di cui posso conoscere ugualmente solo relazioni esterne, senza che mi sia o mi possa mai essere dato alcunché di interno –, posso affermare di possedere un concetto della cosa in sé, o se non sia del tutto legittimo chiedersi che cosa sia in se stessa quella cosa che fa da soggetto a tutti questi rapporti. Anche nel caso del concetto empirico della nostra anima si può senz'altro dimostrare, per l'appunto, che esso contiene solo apparenze del senso interno, e non ancora il concetto determinato del soggetto stesso; ma ciò mi porterebbe troppo lontano.

Ovviamente, se *conoscessimo* azioni di una cosa che potessero effettivamente essere qualità di una cosa in se stessa, non potremmo più chiedere che cosa essa sia in sé, al di là di queste qualità, dal momento che essa sarebbe proprio ciò che è dato da queste qualità. Mi si chiederà ora di indicare queste qualità e forze agenti, in modo tale da poter distinguere esse, e per loro mezzo le cose in sé, dalle mere apparenze. A ciò rispondo: questo è accaduto già da tempo, e a dire il vero proprio grazie a voi.

Riflettete soltanto su come realizzate il concetto di Dio in quanto intelligenza somma. In esso pensate solo *vera* realtà, cioè qualcosa che viene contrapposto non soltanto alle negazioni (come si ritiene comunemente), ma anche e soprattutto alle realtà nell'apparenza (*realitas phaenomenon*), cioè a tutte quelle realtà che devono esserci date mediante i sensi e che quindi (con un'espressione non del tutto conveniente) vengono dette *realitas apparens*. Ora, riducete tutte queste realtà: intelletto, volontà, beatitudine, potere, eccetera, quanto al rango, ma esse rimangono sempre le stesse quanto alla specie (qualità), e voi otterrete qualità delle cose in se stesse che potrete applicare anche ad altre cose, all'infuori di Dio. Altre non se ne possono pensare, e tutto il resto è solo realtà nell'apparenza (qualità di una cosa come oggetto dei sensi), che non offre mai la possibilità di pensare una cosa com'è in se stessa. In effetti sembra strano poter determinare adeguatamente i nostri concetti delle cose in se stesse solo riducendo preventivamente ogni realtà al concetto di Dio, per applicarlo soltanto allora – così come esso vi si realizza – ad altre cose in quanto cose in sé. Ma è questo l'unico mezzo per separare tutto il sensibile e l'apparenza da ciò che, grazie all'intelletto, può essere considerato come appartenente alle cose in se stesse. – Dunque, in base a tutte le conoscenze che delle cose possiamo avere esclusivamente grazie all'esperienza, domandare che cosa siano mai i loro oggetti in quanto cose in se stesse appare tutt'altro che ozioso.

Le questioni della metafisica stanno attualmente in questi termini e gli atti per decidere le sue controversie sono già quasi pronti, sicché sono sufficienti solo ancora un po' di pazienza e di imparzialità nel giudizio per vederle forse finalmente chiarite.

Königsberg, 4 agosto 1786

RISPOSTA ALLA DOMANDA SE PENSARE SIA UN'ESPERIENZA

Una rappresentazione empirica di cui sono cosciente è *percezione*; ciò che penso in relazione alla rappresentazione dell'immaginazione mediante l'apprensione e la comprensione (*comprehensio aesthetica*) del molteplice della percezione è la *conoscenza empirica dell'oggetto*, e il giudizio che esprime una conoscenza empirica è *esperienza*.

Quando penso a priori un quadrato, non posso dire che questo *pensiero* sia esperienza; ma posso ben dirlo quando apprendo nella percezione una figura *già disegnata*, e sotto il concetto di quadrato penso la comprensione del molteplice di tale percezione mediante l'immaginazione. Nell'esperienza e dall'esperienza vengo *istruito* mediante i sensi; solo quando penso in modo meramente arbitrario un oggetto dei sensi non ne vengo istruito, e nella mia rappresentazione non dipendo affatto dall'oggetto, ma ne sono io stesso l'artefice esclusivo.

Ma nemmeno la coscienza di avere un simile pensiero è un'esperienza, appunto perché né il pensiero è un'esperienza, né la coscienza è in sé alcunché di empirico. Nondimeno, tale pensiero produce un oggetto dell'esperienza o una determinazione dell'animo, che può essere osservata nella misura in cui esso viene stimolato dalla facoltà di pensare; posso quindi dire di avere esperito quanto occorre per cogliere in pensieri una figura composta di quattro lati uguali e quattro angoli retti in modo tale da poterne dimostrare le proprietà. Questa è la coscienza empirica della determinazione del mio stato nel tempo attraverso il pensiero; ma il pensiero stesso, sebbene avvenga nel tempo, non lo considera affatto quando si tratta di pensare le proprietà di una figura. Eppure, l'esperienza senza la determinazione temporale è impossibile, poiché in essa sono passivo e mi sento affetto secondo la condizione formale del senso interno.

Quando *faccio* un'*esperienza*, la coscienza è rappresentazione della mia esistenza, nella misura in cui essa è determinata empiricamente, cioè nel tempo. Ora, se questa coscienza fosse a sua volta empirica, la medesima determinazione temporale dovrebbe anch'essa essere rappresentata come contenuta sotto le condizioni della determinazione temporale del mio stato. Si dovrebbe quindi pensare un altro tempo, *sotto* il quale (e non *nel* quale) fosse contenuto quel tempo che costituisce la condizione formale della mia esperienza interna. Ci sarebbe quindi un tempo nel quale e con il quale scorrerebbe contemporaneamente un tempo dato, il che è assurdo. Dunque la coscienza di fare un'esperienza, o anche in generale di pensare, è una *coscienza trascendentale*, cioè *non è esperienza*.

L'azione dell'immaginazione consistente nel fornire un'intuizione a un concetto è *exhibitio*. L'azione dell'immaginazione consistente nel trasformare un'intuizione empirica in un concetto è *comprehensio*.
Apprensione dell'immaginazione, *apprehensio aesthetica*. Comprensione dell'immaginazione, *comprehensio aesthetica* (comprensione estetica); comprendo il molteplice in un'unica rappresentazione, e così essa ottiene una certa forma.

APPENDICE

Moses Mendelssohn a Kant

16 ottobre 1785

Stimatissimo signore,

Tramite il libraio Voß e figlio mi sono permesso di inviarLe una copia del mio *Morgenstunden, oder Vorlesungen über das Daseyn Gottes* [Ore mattutine, o Lezioni sull'esistenza di Dio].
Benché non abbia più la forza di studiare con il necessario impegno i Suoi profondi scritti, so che non concordiamo sui princìpi fondamentali. Ma so anche che Lei accetta le obiezioni, preferendole anzi alla piaggeria. Per come La conosco, l'intento della Sua *Critica* è principalmente quello di bandire la piaggeria dalla scuola filosofica. Del resto Lei accorda a ognuno il diritto di avere un'opinione diversa e di manifestarla pubblicamente.
Era mia intenzione rinviare l'occasione dell'annuncio delle *Ore mattutine* alla seconda parte, anzitutto per preparare i lettori ad alcune affermazioni le cui conseguenze e i cui effetti sul pubblico mi sembrano alquanto problematici. Il signor Jacobi mi ha anticipato e ha pubblicato uno scritto dal titolo *Über die Lehre des Spinoza, in Briefen an Moses Mendelssohn* [La

dottrina di Spinoza. Lettere al signor Moses Mendelssohn], che mi fornisce l'occasione che cercavo. Nello stesso scritto Jacobi rende noto un carteggio fra lui, una terza persona e me, in cui si propone di fare del nostro Lessing uno *spinozista* dichiarato. Jacobi pretende di avergli indicato la via dello spinozismo; a suo dire, Lessing avrebbe giudicato ogni cosa rispondente ai propri princìpi e si sarebbe compiaciuto di avere finalmente trovato, dopo lunghe ricerche, un fratello nel panteismo, in grado di diffondere una luce così bella sul sistema dell'Uno-Tutto.

Quanto alla sua persona, alla fine egli si rifugia dietro i cannoni della fede, trovando salvezza e sicurezza in un bastione del beatifico Lavater, dalla cui bocca « angelica » trae un passo confortante che cita alla conclusione del suo scritto e che a me tuttavia non può arrecare alcun conforto, poiché non lo capisco. Del resto lo scritto del signor Jacobi è un miscuglio assai bizzarro, un parto quasi mostruoso: la testa di Goethe, il corpo di Spinoza e i piedi di Lavater.

Mi risulta incomprensibile con che diritto spesso e volentieri oggigiorno ci si permetta di rendere pubblica una corrispondenza privata senza richiedere l'autorizzazione dello scrivente. E ancora: sembra che Lessing abbia confessato a Jacobi di non avere mai svelato i suoi veri princìpi filosofici a me, che per trent'anni sono stato il suo più intimo confidente in fatto di filosofia. Se questo è vero, con che coraggio Jacobi ha potuto svelare il segreto dell'amico scomparso non solo a me, a cui lo aveva deliberatamente tenuto nascosto, ma al mondo intero? Egli mette in salvo la propria persona, abbandonando l'amico nudo e inerme in campo aperto, esposto allo scempio e alle beffe dei nemici. Non condivido affatto questo comportamento, e desidererei sapere che cosa ne pensano le persone dabbene. Temo che anche la filosofia abbia i suoi esaltati che, se paragonati agli esaltati della religione positiva, perseguitano in modo altrettanto violento e mirano quasi ancor più a fare proseliti.

Moses Mendelssohn

Kant a Christian Gottfried Schütz

<Fine novembre 1785>

L'opera dell'apprezzabile M.[endelssohn] va considerata sostanzialmente un capolavoro dell'inganno della nostra ragione, quando essa scambia le condizioni soggettive della sua determinazione degli oggetti in generale per condizioni della possibilità degli oggetti stessi, un inganno di cui certo non è facile svelare la vera natura, né liberare fino in fondo l'intelletto; ma grazie alla sua seconda sezione e a quanto nella premessa si dice di acuto, nuovo ed esemplarmente chiaro su verità, illusione ed errore, e che può essere applicato ottimamente a ogni discorso filosofico, quest'opera eccellente rivestirà tuttavia un'importanza decisiva nella critica della ragione umana. Nell'esposizione delle condizioni soggettive dell'uso della nostra ragione l'Autore giunge alla conclusione che nulla è *pensabile* se non è *effettivamente pensato* da un essere qualsiasi, e che in generale *senza concetto* nessun *oggetto* è realmente presente (pagina 303), e ne deduce che deve realmente esservi un intelletto infinito e allo stesso tempo agente, in quanto solo in relazione alla sua possibilità o realtà i predicati delle cose possono avere significato. Ora, dal momento che nella ragione umana e nelle sue predisposizioni naturali vi è in effetti il bisogno essenziale di dare per così dire stabilità al libero slancio della sua costruzione mediante questa chiave di volta, tale indagine estremamente acuta della concatenazione dei nostri concetti nel loro estendersi fino ad abbracciare l'intero offre una splendida opportunità e nel contempo uno stimolo sia alla critica esaustiva della nostra facoltà razionale pura, sia alla distinzione fra le condizioni meramente soggettive del suo uso e quelle che indicano qualcosa di oggettivamente valido. Da ciò la filosofia pura trae necessariamente profitto, anche ammesso che una volta portato a termine l'esame risulti che vi si mescola un'illusione e che qualcosa, pur sembrando una conquista nell'ambito di oggetti molto remoti, in effetti altro non voglia essere che una guida (sia pure assai utile) del soggetto fra oggetti che ci circondano molto da vicino. Quest'ultimo lascito di una metafisica dogmatizzante può essere considerato altresì come il suo prodotto più perfetto, sia per l'argomentazione rigorosa, sia per l'eccezionale chiarezza espositiva; lo si può considerare un monumento, che mai perderà il suo valore, dell'acume di un uomo che comprende tutta la forza di una modalità conoscitiva che gli sta a cuore e che ha in suo potere, un monumento in cui ogni critica della ragione che mette in dubbio l'esito positivo di un simile procedimento ritrova un modello imperituro su cui mettere alla prova i propri princìpi per poi confermarli o rigettarli.

<Immanuel Kant>

Marcus Herz a Kant

Berlino, 27 febbraio 1786

Stimatissimo maestro,

Tramite il signor D. Joel Le invio, carissimo maestro, una copia del mio *Versuch über den Schwindel* [Saggio sull'inganno] che menzionavo nella mia lettera del 25 novembre. Già nel corso di uno dei nostri propizi colloqui, che ancora rammento tutti con piacere, ebbi modo di esporLe l'idea capitale di tutta l'opera. Allora essa sonnecchiava nella mia anima in attesa di adeguate conoscenze fisiologiche, per dare poi vita insieme a esse a un tutto unitario e poter dimostrare il suo influsso sulla prassi, per quanto debole esso possa forse sembrare. Come vede, carissimo, non Le sono poi del tutto infedele; mi consideri piuttosto un transfuga che indossa ancora la Sua uniforme e cerca di introdurre il Suo credo presso altre potenze, che non Le sono nemiche; per esprimermi in termini meno prussiani, mi piace vagabondare nei territori di confine fra le due nazioni, la filosofia e la medicina, e sono felice quando posso fare progetti e proporre soluzioni per un governo comune. Credo che sarebbe un bene se questi luoghi di confine tra la filosofia

e i territori a essa limitrofi fossero visitati assiduamente sia dai filosofi, sia da studiosi pratici e artisti di ogni genere; in questo modo i primi sfuggirebbero all'accusa spesso giustificata di essere oziosi rimuginatori, i secondi a quella di empirismo.
Che ne pensa dei dissidi scoppiati alla e sulla morte di Moses fra predicatori e geni, esorcisti e poeti comici, esaltati e musici, e a cui diede avvio il Consigliere segreto di Pimplendorf? Se solo un uomo come Lei intimasse a questo branco di pezzenti un unico, serio « adesso basta! »; scommetto che si disperderebbe come pula al vento. Vorrei anzitutto vedere punita l'insolenza di quell'insignificante autore di filastrocche di Wansebeck, nella cui vita e nel cui pensiero l'unica cosa rimata e acconcia sono le chiuse dei suoi versi puerili. E come travisa con studiata perfidia il nostro Moses, per il quale ha sempre avuto *un certo « tendre »*, al fine di privarlo della sua fama e della sua reputazione! – Già da tempo qui si è sparsa la voce che Lei avrebbe intenzione di pubblicare alcune pagine contro lo scritto di Jacobi, e ciò mi sembra tanto più verosimile per il fatto che ha lasciato senza risposta l'ultima lettera di Moses. Se solo all'occasione Lei volesse scrivere in onore del Suo amico defunto qualcosa contro la dissennatezza degli jacobiti, eccetera, presenti e di quelli che probabilmente devono ancora uscire allo scoperto!
Al momento siamo impegnati a riordinare le carte del nostro Moses. La sua corrispondenza è forse l'unica cosa importante da presentare al pubblico, ma occorrerebbe che i suoi amici

ci consegnassero le lettere che ne conservano, poiché egli le ha trascritte solo in minima parte. Sarebbe così gentile, carissimo, da farci pervenire quelle in Suo possesso?
Del Suo amico, il Consigliere regio Heilsberg, non ho più notizia dal 21 dicembre, quando gli consigliai dei bagni di zolfo. Non li ha provati, questi bagni? Oppure, se li ha provati, si è poi sentito meglio o peggio? O addirittura... in breve, sono molto ansioso di conoscere il motivo per il quale egli ha interrotto così presto e in modo così repentino il consulto.
In allegato troverà una comunicazione relativa al monumento che abbiamo intenzione di erigere. Altre ne riceverà da parte di Friedländer.
Desidero ardentemente che il Suo affetto per me sia grande quanto lo è la stima che nutro nei Suoi confronti,

il Suo devoto allievo e servitore
M. Herz

Johann Erich Biester a Kant

Berlino, 6 marzo 1786

Ecco a Lei, carissimo, stimatissimo signore, il nuovo numero della «Monatsschrift», che si apre con la Sua eccellente trattazione. La prego di volere nuovamente accettare il mio più sentito ringraziamento, così come tutti i lettori pensanti La ringrazieranno per il gran numero di chiarimenti precisi e istruttivi che vi è contenuto.

Negli scritti dei filosofi alla moda l'esaltazione ha ormai passato il segno; la dimostrazione viene rigettata, mentre si promuove la tradizione (la specie più bassa di fede), elevandola al di sopra delle prove della ragione. È tempo che Lei, nobile ripristinatore del pensiero chiaro e rigoroso, si levi per porre fine a questo scempio. Lo faccia quanto prima con alcuni saggi brevi sulla «Monatsschrift», finché non avrà trovato il tempo per un'opera sistematica.

Non conosce un buon giurista cui assegnare la cattedra vacante? (D. Johnswich, che pure si è presentato, non può essere preso in considerazione). Sarebbe necessario inviare un esterno.

La prego di onorarmi della Sua amichevole benevolenza, e di essere certo della mia più profonda stima e devozione nei Suoi confronti.

Biester

Ludwig Heinrich Jakob a Kant

Halle, 26 marzo 1786

Stimatissimo professore,

La consuetudine che da qualche tempo ho con i Suoi scritti mi dà forse in un certo senso il diritto di prendere contatto con la Sua persona con una familiarità maggiore di quella altrimenti consentita dall'etichetta, e di chiedere proprio a Lei un consiglio, che altri non possono o non vogliono darmi, riguardo a una questione su cui sono incerto. Se la stima e la viva riconoscenza che provo per un uomo che tanto ha contribuito a rischiarare in me l'oscuro sentimento dell'inadeguatezza delle scienze metafisiche tradizionali possono offrirLe un motivo ulteriore per scusare la mia invadenza, sono lieto di poter fare anche dinanzi a quest'uomo la stessa ammissione che già così spesso ho fatto nella cerchia dei miei amici e interlocutori, certo non in modo più caloroso, ma sicuramente a voce più alta.

L'occasione prossima di questa lettera è rappresentata dallo scritto di Mendelssohn e dalla notizia, apparsa sul giornale, secondo cui Lei sarebbe intenzionato a confutarlo. M.[endelssohn] merita che il suo scritto venga accolto favorevolmente, e credo che anche chi non è del suo stesso avviso gli sarà grato per questa disamina così illuminante delle prove tradizionali dell'esistenza di Dio. Ma fin dall'inizio ho sentito alcuni inni trionfali che proprio per il fatto di venire più dal cuore che dalla testa hanno trovato facile credito, e che attribuivano al signor M.[endelssohn] una vittoria che, a suo dire, nemmeno cercava. Ciò traspare in modo del tutto evidente perfino da alcune recensioni, come se lo scritto avesse sferrato un colpo decisivo alla *Critica* kantiana, il che a mio giudizio prova molto chiaramente che la *Critica* continua ancora a essere solo sfogliata, ma non viene studiata a fondo. Devo ammettere che leggendo lo scritto di M.[endelssohn] non ho trovato assolutamente nulla che possa conferire maggiore forza e consistenza alle vecchie prove. Ovunque gli stessi presupposti, di cui nella Sua *Critica* Lei pretende a buon diritto una dimostrazione. Le lamentele contro il modo attuale di filosofare, espresse dal signor M.[endelssohn] nella prefazione, mi sembrano del tutto ingiustificate, in particolare se riferite, come d'abitudine, a coloro che per essere convinti dell'esistenza di qualcosa richiedono una percezione sensibile. Non trovo nemmeno che il signor M.[endelssohn] abbia detto alcunché di rilevante che possa essere utilizzato a buon diritto contro la Sua *Critica*, e proprio perciò sono disposto a credergli quando afferma di conoscerla solo per sentito dire. Mi ha colpito un unico passo che sembrerebbe contenere una frecciata alla Sua *Critica*, cioè a pagina 115, dove egli nega il concetto di cosa in sé. A mio giudizio però questo passo è facilmente rettificabile, poiché al signor M.[endelssohn] la Sua *Critica* concede completamente l'affermazione secondo cui non si può indicare alcun predicato di una cosa in sé, distanziandosi da lui soltanto nella conclusione. Infatti quando a pagina 116 il signor M.[endelssohn] afferma: «Voi pretendete di sapere qualcosa che assolutamente non è un oggetto del sapere», egli dice proprio ciò che dice Lei. Ma quando aggiunge: «Ci troviamo ai confini non solo della conoscenza umana, ma di ogni conoscenza in generale», egli afferma evidentemente qualcosa che non è possibile sostenere in alcun modo. In breve, tutto lo scritto mi è sembrato un esempio a dir poco lampante del fatto che riguardo all'esistenza non è mai possibile determinare nulla a priori, e ho quindi desiderato fin dall'inizio che si facesse avanti qualcuno disposto a esaminare il problema forse non in modo altrettanto elegante, ma certo con pari chiarezza. Non posso nasconderLe che dinanzi ai molti paragoni incongrui che ho sentito fare tra questo scritto e la Sua *Critica*, e dinanzi alla generale esultanza da una parte, e al più assoluto riserbo dall'altra, mi è balenata l'idea di contribuire io stesso, secondo le mie forze, a una esplicazione rigorosa. Ma dopo avere sentito che anche Lei è disposto ad assolvere a questo compito mi sono subito ritirato in buon ordine, lieto che il mio desiderio venisse esaudito da chi in effetti meglio non potrebbe farlo. Eppure diffidavo non poco di questa voce. Mi sembrava infatti che nella *Critica* fossero già contenuti tutti i contro-argomenti, e che fosse quindi necessario esporli al pubblico piuttosto che inventarli. Anche la presunta nuova prova si fonda infatti sul presupposto indimostrato che le cose in sé dipendano da un essere necessario e che solo al concetto di essere necessario corrisponda l'intelletto perfettissimo. Per il fatalista questa prova non significa nulla, ed essa dimostra solo l'impossibilità delle *apparenze* senza esseri pensanti, il che in effetti va ammesso; ciò nonostante mi sembrava necessario che una volta tanto fosse un terzo a tentare di esporre i Suoi concetti secondo il proprio metodo, poiché la *Critica* viene ancora considerata – purtroppo! – come un grande animale che si teme e a cui non ci si vuole quindi nemmeno affidare. La predilezione per il vecchio sistema è così grande che filosofi di notevole talento si sentono in diritto di giudicare la *Critica* se non pubblicamente, quanto meno in privato, e poiché temono il crollo dell'edificio in cui finora hanno creduto di vivere in modo tanto sicuro, cercano di convincere anche gli altri che esso è a prova di fuoco e che quindi tutti gli attacchi si possono considerare già a priori inconsistenti. In particolare i giovani lettori sono intimiditi dalla descrizione dell'impenetrabile cortina che occulterebbe il santuario dei Suoi pensieri, impedendo più di quanto si potrebbe credere la vera utilità della loro diffusione. Almeno nell'ambiente in cui vivo io le cose stanno così. Perciò sono convinto che non sarebbe affatto inutile se anche un terzo si incaricasse di mostrare che i princìpi della Sua *Critica* non superano affatto le forze di un intelletto comune, e di esporre nel modo più chiaro quanto di vero e di naturale vi è nelle Sue richieste. Ora, ciò che voglio chiederLe è se Lei è disposto a farsi carico in prima persona di un'indagine minuziosa dello scritto di M.[endelssohn], e, qualora non giudichi superfluo anche l'intervento di più persone, se fosse così gentile da rivedere i miei pensieri per giudicare se meritano di essere resi noti al mondo. – In realtà un'errata esplicazione delle Sue idee sarebbe ancora più controproducente che non spiegarle affatto, poiché si pretenderebbe sicuramente di stabilire in base a ciò il valore della *Critica*; se non altro per questa buona causa credo dunque di potermi attendere da Lei una valutazione serena, qualora accettasse di farsene carico. Né il mio amor proprio mi indurrà a diffidare di Lei, per quanto severo possa essere il Suo giudizio. Per quel che mi riguarda, inizierei con l'esame degli assiomi di M.[endelssohn], passerei poi alle prove stesse e mostrerei con chiarezza che la nuova formulazione non conferisce alla prova la benché minima forza. Ma temo di averLa trattenuta fin troppo a lungo. Attendo dunque anzitutto la Sua benevola autorizzazione, se mi sarà concesso di continuare a rivolgermi a Lei. Con la massima stima,

il Suo
allievo e ammiratore
Jakob
professore a Halle.

Kant a Marcus Herz

Königsberg, 7 aprile 1786

Carissimo amico, ho trovato degna di Lei la bella opera di cui ha voluto farmi dono, almeno per quanto mi è stato possibile leggerla, poiché le mie occupazioni attuali, che spero giustifichino ai Suoi occhi la brevità di questa lettera, non mi hanno ancora dato il tempo di leggerla per intero.

Il ghiribizzo jacobita è un'*esaltazione geniale* che non ha nulla di serio, ma è pura affettazione, né serve ad altro che a farsi un nome, e pertanto quasi non merita una confutazione seria. Forse pubblicherò qualcosa sulla « Berlinische Monatsschrift » per smascherare questa impostura. Anche Reichardt è stato contagiato dall'epidemia di genialismo e ora si ascrive nel novero degli eletti. Non importa come, ma ciò che gli interessa è di suscitare scalpore come letterato, e devo dire che qui gli si è dato fin troppo spazio. – Mi rincresce davvero molto che dell'ottimo Moses non siano stati rinvenuti scritti (manoscritti) utilizzabili; ma non mi è possibile contribuire in alcun modo alla pubblicazione del suo epistolario, poiché le lettere a me indirizzate non comprendono nulla di

propriamente dotto e anche alcuni passaggi che vi si attengono in modo generico non possono fornire alcun materiale per il lascito filosofico. – La prego inoltre vivamente di voler escludere nel modo più completo le mie lettere, qualora se ne trovassero fra le sue carte, poiché mai furono scritte pensando che il pubblico le dovesse leggere.
Il mio amico Heilsberg ora è quasi completamente guarito. Gli ho rimproverato la sua trascuratezza per non averLe inviato alcun resoconto ed egli mi ha assicurato che avrebbe subito rimediato alla sua indelicatezza.
La raccolta di contributi per il monumento da erigere a Berlino incontra qui notevoli difficoltà. Vedrò tuttavia che cosa si può fare.
Conservi il Suo affetto e la Sua benevolenza nei confronti di chi con stima e sincero attaccamento resta

il Suo
umile e fedele servitore
e amico
I. Kant

Johann Erich Biester a Kant

Berlino, 11 giugno 1786

Carissimo professore, quando ieri il signor Jenisch (che, come Lei mi suggerisce, cercherò sicuramente di aiutare con tutte le forze) mi recapitò la Sua ultima, importante lettera, fui quasi felice che il caso mi avesse impedito di inviarLe prima l'ultimo numero della « Monatsschrift ». Avrei infatti dovuto scriverLe riguardo a un argomento che Lei stesso tocca in questa lettera, e su cui, dopo quanto scrive, posso ora soffermarmi più diffusamente.

A mio giudizio la disputa fra (o su) Mos.[es] Mendelssohn e H.[einrich] Jacobi, che purtroppo viene ora affrontata con tanto accanimento, riguarda principalmente due punti. Il primo concerne un *fatto*, – cioè se davvero Lessing fu ateo, e dunque la questione se Moses M.[endelssohn] abbia in un primo tempo acconsentito alla divulgazione di questa notizia, per poi cercare invece di ostacolarla. Ma questo punto è per la sua stessa natura un punto secondario, e anche il signor Jacobi e il suo amico (l'autore dei *Kritische Resultate* [Risultati critici]) la considerano e la trattano come una

questione marginale, poiché prendono le mosse da questo fatto solo per dare un giudizio definitivo su ragione, filosofia, deismo, rivelazione, fede, eccetera. Soltanto gli amici intimi, e in particolare i conoscenti più stretti di Moses M.[endelssohn], hanno il diritto di intromettersi in questa disputa. Confesso che sulla base delle citazioni di Lessing riportate dal signor Jacobi nel suo ultimo scritto mi sembra altamente probabile che Lessing fosse incline all'ateismo. Per esprimere un giudizio complessivo sul comportamento di Mendelssohn al riguardo occorre tuttavia conoscere a fondo il suo carattere, e soprattutto avere una visione globale dello scambio epistolare sull'argomento; a me mancano entrambi i presupposti. Sembra che, nell'eventualità che lo si attacchi, il signor Jacobi abbia ancora in mano alcuni frammenti di lettere che tirerebbe fuori al momento opportuno; in effetti sarebbe stato auspicabile che egli avesse fornito tutto subito, in modo completo e in ordine cronologico, e non (come fa nel suo scritto più recente) prima le risposte e poi le lettere a esse precedenti. – In breve, non mi sembra proprio il caso di fare tanto rumore. Ma anche ammesso che si possa provare con sicurezza che Lessing fosse ateo e Moses M.[endelssohn] un uomo un po' debole, che cosa ci si guadagnerebbe?
Più importante è invece il secondo punto sul quale questa gente filosoficamente esaltata si accapiglia ora con tanta foga: l'affossamento e lo spregio di ogni conoscenza razionale di Dio, l'elogio e la quasi divinizzazione dell'incom-

prensibile vaneggiamento spinoziano, l'intollerabile raccomandazione ad ammettere una religione positiva, intesa come l'unica via d'uscita necessaria e al tempo stesso adeguata a ogni uomo razionale. Senza riguardo per nessuno e per nessuna ipotesi, a ogni amico dell'umanità che pensi dovrebbe stare particolarmente a cuore questo punto, soprattutto al giorno d'oggi in cui il fanatismo ha già gettato nello scompiglio mezza Europa, in cui si insegna con successo un ateismo rozzo, sciocco e dogmatico, e in cui ora, per un caso singolare, entrambe le aberrazioni dell'intelletto umano addirittura si congiungono nelle menti di questi nuovi ingannatori. – Dicevo: senza riguardo per nessuno. Giacché (come molte altre affermazioni di Jacobi) ciò che egli va raccontando in giro riguardo alla *divinizzazione* che qui si farebbe di Moses Mendelssohn non è affatto vero, ma è frutto dell'invidia. Gli studiosi berlinesi hanno riconosciuto i meriti di questo filosofo amabile e versato, nonché il valore morale della persona. Qui però non lo si è mai voluto imporre al mondo come un onnisciente; di lui qui non si è mai detto nulla più di quanto non abbiano fatto le menti migliori di tutta la Germania. Zöllner scrisse contro il suo *Jerusalem*, mentre Engel non di rado discusse con lui a voce sull'idea centrale del libro; ed egli sapeva molto bene che né Herz né Engel erano soddisfatti della sua dimostrazione a priori dell'esistenza di Dio. – È davvero molto strano ciò che da qualche tempo alcuni forestieri affermano circa il *modo di pensare berlinese*, e che

il signor Jacobi sostiene invece con la massima asprezza e con parole del tutto indegne. Forse in nessun posto al mondo gli studiosi sono meno uniti, fanno meno consorteria e si controbattono più apertamente che qui. In nessun posto le dispute erudite vengono risolte con più facilità e viene loro attribuita così poca importanza come qui. Che cosa crede di ottenere questo pazzo fanatico con le sue accuse di criptogesuitismo, papismo, eccetera, e con il suo contrabbando su larga scala?
Eppure, come ho già detto, che Moses M.[endelssohn] e Berlino cadano o sorgano poco m'importa! Mi auguro solo che *la verità e la ragione* non vengano messe palesemente in pericolo. Ma se genialoidi falsi ed esaltati lo fanno in modo così superbo, sfrontato e dittatorio, mi auguro che gli uomini che finora hanno retto le sorti della filosofia, e nei quali tutto il pubblico pensante riconosce con gratitudine guide esperte e sicure, denuncino apertamente questa condotta, in modo tale che i lettori non siano portati fuori corso da nocchieri inabili e incompetenti, ritrovandosi così su tristi scogli, anziché su isole feconde. Come poteva non rallegrarci tutti l'apprendere fin dall'inizio la Sua decisione di spendere a tempo debito una parola su questa esaltazione filosofica davvero pericolosa. Solo da Lei, uomo eccellente, ci si poteva attendere un monito severo e istruttivo. Ma ora Jacobi – questo personaggio singolare che per darsi un tono si permette di tutto, che talora si finge isolato, oppresso e perseguitato, mentre altre volte immagina che

le sue opinioni siano condivise da tutti gli uomini ragionevoli, dai massimi pensatori (Leibniz, Lessing, Kant, Hemsterhuis, dall'autore dei *Risultati*) e da tutti i più rispettabili cristiani osservanti (Lavater, Hamann, eccetera), in modo tale che sia il martirio sia la concordanza fra le migliori testimonianze possano fare al caso suo –, dicevo, a mio giudizio quest'uomo impulsivo, che mette in campo tutte le sue forze, ha ora coinvolto nella sua disputa Lei, una persona degna di venerazione, in modo affatto importuno: a maggior ragione, non solo per questa buona causa, ma anche per tranquillizzare i Suoi contemporanei, Lei sembra quasi avere l'obbligo di prendere posizione al riguardo. La maggior parte dei lettori naturalmente non ha dimestichezza con i sistemi filosofici, né è in grado di seguire con prontezza la Sua riflessione; e ciò accade soprattutto quando si tratta di una riflessione così nuova, così ben ponderata e così straordinariamente acuta come la Sua. Se i lettori dovessero accorgersi che uno scrittore, che insiste a ogni piè sospinto sulla sua veridicità e innocenza, cita Lei come testimone a suo favore, non saprebbero più che cosa pensare e finirebbero per credere alle sue affermazioni. Le assicuro che ciò è già successo ad alcune persone molto degne, che si sono lasciate trarre in inganno. Ma è difficile che a un filosofo illuminato si possa rivolgere un'accusa più odiosa di questa: che i suoi princìpi favoriscano *evidentemente l'ateismo dogmatico, e dunque l'esaltazione. Esaltazione tramite ateismo!* Ecco la dottrina di Jacobi: ed egli ha l'ar-

dire di voler far credere al mondo che Lei sia suo alleato.
Lei mi esorta a trattenermi da ogni attacco offensivo nei confronti di H.[einrich] Jacobi. Ma davvero offensivo è solo un attacco personale, da cui io e i miei amici abbiamo indubbiamente sempre cercato di astenerci nel corso della disputa. E questo nonostante H.[einrich] Jacobi si sia permesso di tutto, abbassandosi a ingiurie e calunnie, e prendendosi la libertà (il che fa sempre un certo effetto sulla sua ghenga) di trattare Nicolai in modo veramente indecoroso. In questa disputa vanno inseriti anche l'ampio *resoconto di viaggio*, nonché l'aneddoto meschino e *completamente falso* riguardo all'epigramma apparso sui giornali, a cui siamo del tutto estranei sia Nicolai, sia io e Lei, e che fu invece una trovata del locale capo della polizia Philippi al tavolo del governatore. L'intero scritto è pervaso da un tono così bassamente arrogante, così puerilmente pieno di sé, così sprezzantemente egoistico che non è facile trovare un'opera in lingua tedesca in grado di reggere il confronto. Chi scrive in questa *forma*, e ha oltre tutto torto quanto alla *materia*, offende non solo i suoi contemporanei, ma la ragione stessa in modo così profondo che risulta difficile rispondergli per le rime. – Ma questo lo stabiliranno i recensori e chi è propriamente coinvolto nella disputa. Ma io La scongiuro, Lei che è un uomo eccellente e a me carissimo, non si lasci indurre da un senso di rispetto e di riguardo a tradire il Suo progetto iniziale, La scongiuro: colpisca con la Sua salutare pietra di Minerva chi è preda del-

la follia, e almeno ora informi il pubblico quanto prima e con la massima fermezza del fatto che H.[einrich] Jacobi L'ha fraintesa e che Lei non sarà mai un alleato della società cristiana per la diffusione dell'ateismo e del fanatismo. È probabile che ogni presa di posizione pubblica diretta nei confronti di altri Le ripugni profondamente; ma tanto più è sgarbata l'invadenza del signor Jacobi. E lascio a Lei decidere se in questo caso il Suo amore per la verità non possa forse controbilanciare la Sua avversione per le controversie. – Mi consenta di aggiungere ancora due considerazioni un po' più personali. In effetti è offensivo nei Suoi confronti che una mente così esaltata, e che per giunta scrive con tale acrimonia, possa porsi al Suo fianco con tanta confidenza. Il pubblico è naturalmente attento, e che cosa penserà se Lei non dovesse dichiarare quanto prima la Sua contrarietà al riguardo? Non finirebbe forse per nutrire il sospetto infamante che gli elogi di uno Jacobi sono in grado di influenzare ciò che Lei fa o non fa? – Inoltre: probabilmente subiremo presto un mutamento di cui ancora non si può sapere (come di tutte le cose future) se andrà a vantaggio o piuttosto a svantaggio della libertà di pensiero. Certo è che, sia per la buona causa sia per la persona, a tutti dovrebbe dispiacere se a quel punto si potesse accusare con qualche parvenza di verità il primo filosofo del nostro paese e la filosofia in generale di favorire l'ateismo dogmatico. Allora quest'accusa odiosa potrebbe suscitare una certa impressione, che verrebbe invece del tutto annullata se in pre-

cedenza Lei avesse smentito ogni legame con questo ateismo fanatico.
Mi scrive di voler rendere nota la Sua difesa dagli attacchi dei signori Feder e Tittel. Come tutto ciò che esce dalla Sua penna, sarà istruttiva e piacevole per il pubblico. Eppure non sono affatto convinto che nel passo relativo ai preoccupanti segni in due diverse parti dell'orizzonte letterario il signor Jacobi abbia compreso l'ostilità accesa dai signori F.[eder] e T.[ittel]. Egli parla qui probabilmente solo di se stesso; ma per quanto grande sia la sua presunzione, non credo proprio che voglia porre sullo stesso piano sé e Lei, il Suo sistema e le proprie fantasticherie. Ma ritengo anche che questa Sua difesa non possa ora essere più importante della presa di posizione che Le chiedo. Ogni uomo ragionevole non fa che alzare le spalle vedendo che un Feder (e Tittel non è che la pallida ombra del già pallido F.[eder]) crede di insegnare qualcosa a un Kant. Una rettifica in proposito certo non può far male, ma in questo momento il pericolo rappresentato da Jacobi e dall'autore dei *Risultati* incombe maggiormente; in effetti, mi sembra fin troppo incombente perché Lei ne parli solo *di sfuggita* in un saggio in cui intende riprendere, altrettanto di sfuggita, F.[eder] e T.[ittel].
Spero e so che con la Sua consueta benevolenza Lei accoglierà favorevolmente la prolissità e la sincerità di questa mia lettera. – Prenda pure al riguardo la decisione che vorrà, ma non mi privi mai della Sua benevola amicizia.
Non ho alcuna novità circa l'assegnazione dei

posti presso la Sua Università. Tutto è bloccato a causa della situazione a Potsdam. Nel frattempo cercheremo di individuare le persone più adatte.

Il Suo più sincero ammiratore
e amico strettissimo
Biester

Kant a Friedrich Heinrich Jacobi

<Königsberg, 30 agosto 1789>

Illustrissimo
e stimatissimo signore,

Grazie alla cortese mediazione di Sua signoria illustrissima e all'interessamento del Consigliere segreto per il Commercio Fischer, il dono destinatomi dal conte Windisch-Graetz, nonché i suoi scritti filosofici mi sono pervenuti regolarmente, così come a suo tempo ho regolarmente ricevuto tramite il libraio Sixt la prima edizione della *Histoire métaphysique*, eccetera.
All'occasione La prego di volergli esprimere il mio più sentito ringraziamento, unito al massimo apprezzamento per il suo talento filosofico, cui si congiunge la più nobile mentalità del cosmopolita. – Nell'ultimo scritto citato mi compiaccio di vedere che il conte elabora autonomamente, con la chiarezza e la piacevolezza espositiva proprie di un uomo del gran mondo, ciò che nel contempo io ho cercato di definire in termini di scuola; vale a dire di isolare nella loro purezza e di rimettere in gioco i moventi più nobili della natura umana che, a lun-

go mescolati o addirittura confusi con quelli fisici, non hanno sortito l'effetto che a buon diritto ci si può attendere da loro; un'impresa questa che desidero ardentemente vedere realizzata, poiché dà vita evidentemente a un unico sistema insieme ad altri due scritti (quello sulle Società segrete e quello sul mutamento volontario della costituzione nelle monarchie), l'ultimo dei quali dovrebbe avere grande influsso sull'attuale crisi dell'Europa, in parte come profezia sorprendentemente realizzatasi, in parte come saggio consiglio ai despoti. – Nessuno statista ha ancora cercato, o anche solo inteso cercare così in alto i princìpi in base ai quali governare gli uomini. Ed è per questo che tutte le loro proposte non sono risultate convincenti, né tanto meno efficaci.
Desidero inoltre esprimere a Sua signoria illustrissima il mio più sentito ringraziamento per l'invio dell'ultima edizione del bel volume sulla dottrina di Spinoza. Con ciò Le va il merito di avere esposto anzitutto con la massima chiarezza le difficoltà di cui è costellata la via teologica alla teologia e che probabilmente hanno indotto Spinoza all'elaborazione del suo sistema: il fatto di procedere con passo rapido verso una meta grande ma lontana non ha mai favorito una cognizione approfondita. Chi indica gli scogli non per questo ne è l'artefice e, pur affermando l'impossibilità di doppiarli *a gonfie vele* (quelle del dogmatismo), non nega certo *ogni* possibilità di una felice traversata. Non mi sembra che in questo caso Lei giudichi inutile o addirittura fuorviante la bussola della ragione. Qualcosa che viene ad aggiungersi

mediante la speculazione, ma che tuttavia sta soltanto nella ragione stessa e che noi siamo in grado di denominare (con il termine «libertà», una facoltà sovrasensibile della causalità in noi), ma non di cogliere, è il necessario completamento della speculazione stessa. Chiedersi se per giungere a questo concetto del teismo la ragione abbia potuto essere *risvegliata* solo da qualcosa che unicamente la storia ci insegna, o piuttosto solo da un influsso interiore sovrannaturale a noi incomprensibile, è una domanda che riguarda un aspetto meramente secondario, cioè la genesi e lo sviluppo di questa idea. Si può infatti altresì sostenere che se il Vangelo non avesse insegnato in tutta la loro purezza le leggi morali universali, la ragione ora non ne avrebbe una cognizione altrettanto compiuta, anche se, *dato che ormai sussistono*, (adesso) chiunque può venire persuaso della loro giustezza e validità mediante la sola ragione. – Lei ha confutato nel modo più radicale il sincretismo dello spinozismo con il deismo nel *Dio* di Herder. Ciò che accomuna tutte le tendenze al sincretismo è la mancanza di onestà, una disposizione d'animo particolarmente caratteristica di questo grande maestro dell'illusionismo (per un istante, come attraverso una lanterna magica, costoro fanno balenare prodigi che subito scompaiono per sempre, lasciando nei profani uno stupore derivante dalla convinzione che dietro doveva pur esservi qualcosa di straordinario, che tuttavia essi sono incapaci di afferrare).
Per quanto le nostre opinioni possano divergere, ho sempre ritenuto mio dovere trattare

con rispetto uomini dotati di talento, sapere e rettitudine. In questa prospettiva Lei giudicherà anche il mio saggio sull'orientarsi uscito nella « Berlinische Monatsschrift »; a esso sono stato spinto, mio malgrado, dall'invito rivoltomi da più parti a liberarmi dal sospetto di spinozismo, e spero che Lei non vi trovi la benché minima traccia di un allontanamento dal principio di cui sopra. Altre prese di posizione riguardo ad affermazioni Sue o di alcuni Suoi degni amici le ho sempre accolte con intimo dolore e disapprovazione. Non so come a uomini in sé buoni e assennati possa talora passare per la mente di farsi merito di qualcosa che se fosse rivolto contro di loro giudicherebbero assolutamente ingiusto. – Il vero merito non perderà tuttavia nulla del proprio fulgido splendore né verrà disconosciuto a causa di simili ombre gettate su di esso.
Il nostro Hamann – che si propone anzitutto di dare ordine e coerenza alle molteplici cognizioni da lui acquisite, tentando di esporle ad altri – ha accettato un posto di precettore presso il conte Keyserling in Curlandia, dove si trova assai bene. È un'anima buona e onesta che pensa di dedicarsi all'insegnamento e, poiché ha perso nel giro di poco tempo sia il padre sia la madre, di potere un giorno essere d'aiuto ai suoi fratelli rimasti orfani in patria.
Spero che per molti anni ancora il destino conceda a Sua signoria illustrissima di attendere con animo sereno e in buona salute alla propria occupazione preferita, la più nobile fra tutte, quella cioè di riflettere sugli autore-

voli princìpi su cui riposa il bene universale dell'umanità, e porgo a Sua signoria illustrissima i miei ossequi

quale Suo devotissimo servitore
I. Kant

Friedrich Heinrich Jacobi a Kant

Pempelfort, 16 novembre 1789

Stimatissimo Kant!

Dal giorno in cui la gioia di ricevere una Sua lettera mi colse così piacevolmente di sorpresa e, come ebbe modo di dire il nostro Hamann in una circostanza analoga, « mi procurò un lieve, inebriante stordimento, simile a una vertigine », ho iniziato a selezionare, o quanto meno, a *contare* i giorni. Sarebbe dovuto arrivare, non arrivò e non arriverà mai il giorno in cui sarò in grado di esprimerLe la gioia che provai, di porgerLe quel ringraziamento che tanto desidero esprimerLe.
In un tempo e in circostanze in cui le mie parole non potevano far ricadere su di me nemmeno l'ombra del sospetto di lusinghe o di un interesse personale, ebbi modo di definirLa il mio maestro, un uomo che fin dalla giovinezza avevo ammirato con viva emozione e di fronte al quale ora mi inchino come dinanzi a un grande conquistatore e a un saggio legislatore nel regno delle scienze. Lei stesso, stimatissimo Kant, fa riferimento al Suo saggio sull'orientarsi apparso nella « Berlinische Monats-

schrift», e in modo tale non solo da chiudere la mia bocca a ogni reclamo, ma anche da purificare e cancellare per sempre dal mio cuore perfino la più lieve nota di biasimo che ancora avrebbe potuto albergarvi. Nessuno dei Suoi ammiratori riuscirebbe ad apporre un sigillo più duraturo del mio ai sentimenti di affetto e venerazione che prova nei Suoi confronti.
Ho subito trasmesso al conte Windisch-Graetz il bell'elogio da Lei fattogli, poiché sapevo quanto ciò lo avrebbe reso felice. La mia conoscenza di quest'uomo eccellente è ancora assai fresca. Lo scorso inverno mi inviò le sue *Objections aux sociétés secrètes* e il suo *Discours* che, come egli afferma, risente in parte del mio influsso, e soprattutto di quello del saggio *Etwas was Lessing gesagt hat* [Alcune affermazioni di Lessing] da me inviato a Vienna al nostro comune amico, il conte von Sickingen. Il *Discours* era stato originariamente concepito per l'imperatore, a cui fu consegnato in forma manoscritta. Ma, come dimostrato dal seguito dei disordini nel Brabante, esso risultò inutile nelle mani dell'imperatore, per cui l'autore scrisse al suo regale amico di ritenere che fosse giunta l'ora di rendere pubblico il saggio. Al momento egli si trova nei suoi possedimenti in Boemia. Da alcuni anni il suo luogo di soggiorno abituale è Bruxelles, dove ha sposato in seconde nozze una principessa von Aremberg. Alcuni giorni dopo l'arrivo della Sua lettera venne a trovarmi mentre era in viaggio per la Boemia. La sua prima visita risale a maggio, quando rimase fino alla mia partenza per Pyrmont. Naturalmente Windisch-Graetz conosce tutto il valore

dell'apprezzamento espressogli da un uomo come Kant, e non sapeva come raccomandarmi nel modo più caldo di assicurarLe il suo massimo rispetto e la sua più assoluta devozione. Allora la seconda parte della sua *Histoire métaphysique de l'âme* era già stata pubblicata. Ne ho ricevuto alcune copie, e prossimamente avrò occasione di inviare a Königsberg anche quella destinata a Lei; gli scritti di questo nobile pensatore possono contribuire in misura notevole al progresso della filosofia francese: dal momento che egli prende sempre le mosse da questa filosofia, sulla quale costantemente si basa il suo pensiero, e dal momento che egli si sforza solo di evidenziare quanto di incompleto e di errato vi è in questa o in quella sua parte, i sostenitori della filosofia francese possono non solo seguirlo, ma farlo anzi senza riluttanza, e, prima ancora di accorgersene, spingersi al di là del punto a cui erano stati condotti. Purtroppo i filosofi parigini nutrono già un po' di rancore verso il loro fratellastro tedesco, poiché ritengono che qua e là egli alimenti pregiudizi, ostacolando quindi il rapido progresso della scienza. È strano che gli uomini siano disposti a riconoscere il fanatismo sempre solo in una sua qualche sfera di applicazione, ma mai in se stesso.
Fra le considerazioni con cui Lei, stimatissimo Kant, accompagna la Sua benevola segnalazione dell'ultima edizione del mio libro sulla dottrina di Spinoza, una in particolare ha attirato la mia attenzione e mi ha dato molto da pensare. Lei afferma: « Chiedersi se per giungere a questo concetto del teismo la ragione abbia po-

tuto essere *risvegliata* solo da qualcosa che unicamente la storia ci insegna, o piuttosto solo da un influsso interiore sovrannaturale a noi incomprensibile, è una domanda che riguarda un aspetto meramente secondario, cioè la genesi e lo sviluppo di questa idea ... *dato che ormai sussiste* (questa idea) chiunque può venire persuaso della sua giustezza e validità mediante la sola ragione».

Ciò che in questo passo tanto mi ha dato da pensare è la domanda: come può, ovvero non può, riferirsi alla mia teoria?

Dal momento che ho sempre dedotto il mio teismo dall'incontrovertibile dato di fatto dell'intelligenza umana, dall'*esistenza* della ragione e della libertà, non vedo come questo passo possa riferirsi alla mia teoria. Ammetto che la prima edizione del mio libro conteneva passaggi oscuri, ma ritengo di avere nel frattempo eliminato tutte le ambiguità e di avere esposto le mie convinzioni con sufficiente chiarezza nell'ultima edizione. Affermo infatti l'esistenza di un nesso, tanto evidente quanto incomprensibile agli uomini, fra sensibile e sovrasensibile, naturale e sovrannaturale, che, non appena percepito e riconosciuto con certezza, offre una soluzione soddisfacente all'apparente contraddizione della ragione con se stessa. Come il condizionato si riferisce in definitiva a un primo incondizionato, e ogni sensazione a una ragione pura, *a qualcosa che racchiude in sé la propria vita*, così ogni meccanismo si riferisce infine a un principio non meccanico di estrinsecazione e concatenazione delle sue forze, ogni composto a un incomposto inscindibile, tutto ciò che segue le leggi della necessità fisica a qualcosa di libero che non le segue ma agisce spontaneamente, l'universale si riferisce al particolare, l'individualità alla persona. A mio giudizio queste conoscenze scaturiscono da un'intuizione immediata che l'essere razionale ha di se stesso e del suo legame con l'essere originario e con il mondo che ne dipende. Nella domanda se queste conoscenze siano reali o solo immaginarie, e se a esse corrisponda verità o piuttosto ignoranza e inganno, balza agli occhi la differenza fra la Sua teoria e le mie convinzioni. Secondo la Sua dottrina, la natura, e il *rappresentato* in genere, assume la forma della nostra facoltà rappresentativa (nel senso lato della parola), determinata interiormente e insondabilmente così e non altrimenti, per cui non solo viene tolta la contraddizione della ragione con se stessa, ma diviene anche possibile un sistema del tutto coerente di filosofia pura. Personalmente sono invece più incline a ricercare la forma della ragione umana in quella universale delle cose, e credo di scorgere abbastanza nettamente, e di avere in parte anche già mostrato, come sia forse possibile sospendere le diverse istanze chiamate a liberare del suo carattere ipotetico l'affermazione contraria. Il nostro sapere è infatti così imperfetto che da esso non va escluso nemmeno il sapere di non sapere. Sono inoltre in procinto di mettere ancora una volta seriamente alla prova il mio credo, confrontandolo con la recente teoria della facoltà rappresentativa formulata dal professor Reinhold. In fondo non posso essermi sbagliato di molto,

poiché i miei risultati coincidono in modo quasi perfetto con i Suoi. E se anche dovessi perseverare nel mio errore, è certamente possibile che esso faciliti ad altri il passaggio alla verità.
La prego di perdonare, carissimo, la prolissità di questo mio sfogo. Non volevo che in base alle descrizioni del professor Reinhold mi considerasse un seguace del sovrannaturale. Ho percepito l'entità di questo pericolo da un altro passo della Sua lettera, in cui, a proposito della possibilità di doppiare gli scogli dell'ateismo, Lei afferma: «Non mi sembra che in questo caso Lei giudichi inutile o addirittura fuorviante la bussola della ragione». Qualche dubbio in proposito potrebbe quindi essere del tutto perdonabile.
La quarta parte delle *Ideen* [Idee] di Herder mi incuriosisce molto, come pure i colpi che probabilmente egli mi assesta. Eppure ha torto a non essere soddisfatto di me. Come Aronne, avrei potuto bruciare il suo vitello d'oro fino a ridurlo in polvere e poi darglielo da bere. In effetti il dialogo di Herder, considerato come *critica filosofica*, è al di sotto di ogni critica e non contiene quasi nessuna parola vera. Inoltre è pieno di ovvietà – dialogo e forma complessiva a parte.
Stia bene, nobiluomo, e a tempo debito mi faccia sapere tramite il Suo degno amico Kraus di essere ancora ben disposto nei miei confronti.
Con il cuore colmo di rispetto, gratitudine e affetto

il Suo obbligatissimo
Friedrich Heinrich Jacobi

Kant a Ludwig Ernst Borowski

<Fra il 6 e l'11 marzo 1790>

Lei mi chiede donde provenga la tendenza oggi dilagante all'esaltazione e come sia possibile porre rimedio a questo male? Entrambi sono per i medici dell'anima problemi di difficile soluzione, così come per i medici del corpo lo fu quel catarro russo (influenza) – così chiamato a Vienna –, che alcuni anni fa fece il giro del mondo velocissimo, contagiando inesorabilmente molte persone, per poi scomparire da sé di lì a poco. I medici del corpo hanno infatti in comune con quelli dell'anima una maggiore capacità di descrivere le malattie che di individuarne l'origine o di porvi rimedio; il malato ha fortuna quando le loro prescrizioni sono solo dietetiche e quando consigliano come rimedio pura acqua fresca, lasciando che la natura benevola segua il suo corso.
Mi sembra che la *smania di leggere*, diffusasi ovunque, sia non solo il tramite (veicolo) della malattia, ma anche il veleno (miasma) in grado di provocarla. Il ceto più facoltoso, talora anche quello più distinto, che reclama, se non proprio la superiorità, quanto meno la parità fra le sue cognizioni e quelle di coloro che, per

farle proprie, devono affaticarsi lungo la via spinosa dell'apprendimento sistematico, si accontenta per così dire di schiumare la panna della scienza da repertori e compendi sommari, affannandosi poi a dissimulare la disparità, che non tarda a saltare agli occhi, fra ignoranza chiacchierona e sapere rigoroso; ciò gli riesce nel migliore dei modi spacciando per dati di fatto cose incomprensibili, pensabili solo in termini di vaga possibilità, per poi sfidare il naturalista rigoroso a spiegare l'avverarsi di questo o quel sogno, di un presagio, di una profezia astrologica, oppure la trasformazione del piombo in oro, eccetera; una volta accettato il dato di fatto (su cui non si ammettono discussioni) entrambi sono infatti ugualmente ignoranti in proposito. Questo ceto reputa troppo difficile apprendere e sapere *tutto* ciò che sa il conoscitore della natura; perciò tenta la via più facile per dissimulare la disparità mettendo in campo cose di cui entrambi non sanno e non comprendono *nulla*, di cui è dunque libero di giudicare come più gli aggrada, poiché l'altro non può comunque fare di meglio al riguardo. – Di qui il contagio si propaga anche ad altri ceti della società.

A questo male non vedo altro rimedio se non quello di ridurre l'eterogeneità degli studi nelle scuole a un apprendimento rigoroso di poche cose, quindi non tanto quello di estirpare il desiderio di leggere, quanto piuttosto di indirizzarlo in modo che divenga consapevole, cosicché fra le sue letture l'uomo bene istruito apprezzi solo quelle che gli procurano un pronto guadagno in fatto di conoscenza, restando

invece disgustato da tutte le altre. Nelle sue *Bemerkungen eines Reisenden* [Osservazioni di un viaggiatore] un medico tedesco (il signor Grimm) si sofferma su ciò che egli definisce l'*onniscienza francese*; ma di gran lunga essa non è altrettanto priva di buon gusto di quella riscontrabile in un Tedesco, che tende comunemente a trasformarla in un sistema macchinoso da cui è poi difficile distoglierlo, mentre in Francia una *mesmeriade* è soltanto un fenomeno di costume che non tarderà a svanire completamente.
L'artificio di cui di solito l'esaltato si serve per dare alla sua ignoranza una parvenza di scientificità consiste nel chiedere: « Vi è nota la vera causa della forza magnetica, o conoscete la materia che nei fenomeni elettrici dà vita a effetti così stupefacenti? ». Trattandosi di una cosa di cui, a suo giudizio, nemmeno il più grande naturalista conosce meglio di lui l'intima natura, egli crede di avere tutto il diritto di inserirsi anche nella discussione circa i suoi possibili effetti: ma mentre il naturalista ammette solo effetti che in ogni momento è possibile verificare in termini sperimentali, riducendo così l'oggetto completamente in suo potere, l'esaltato fa incetta di effetti che, sia nella persona che osserva, sia in quella osservata, possono derivare completamente dall'immaginazione, e che quindi non sono passibili di alcun esperimento vero e proprio.
Contro questi eccessi non resta che consentire al magnetizzatore animale di magnetizzare e dissolvere finché piace a lui e ad altri ingenui; alla polizia si raccomanda però che la moralità

non venga coinvolta troppo da vicino, e le si raccomanda di seguire per sé l'unica via dell'investigazione della natura che rende conoscibili ai sensi esterni le proprietà dell'oggetto mediante l'esperimento e l'osservazione. Un'ampia confutazione va qui contro la dignità della ragione ed è inconcludente: più consono a questo tipo di follia è un silenzio sprezzante, tanto più che nel mondo morale fenomeni come questo hanno una durata assai limitata e lasciano poi il posto ad altre pazzie. Il Suo, eccetera.

<Immanuel Kant>

Opere pubblicate in questa collana:

1. Hermann Hesse, *Il pellegrinaggio in Oriente* (22ª ediz.)
2. Marcel Granet, *La religione dei Cinesi* (5ª ediz.)
3. Robert Musil, *Sulle teorie di Mach* (4ª ediz.)
4. James Boswell, *Visita a Rousseau e a Voltaire* (3ª ediz.)
5. Freud-Groddeck, *Carteggio* (5ª ediz.)
6. Nyogen Senzaki - Paul Reps, *101 storie Zen* (27ª ediz.)
7. Gertrude Stein, *Picasso* (7ª ediz.)
8. Pierre Klossowski, *Le dame romane* (3ª ediz.)
9. Konrad Lorenz, *E l'uomo incontrò il cane* (26ª ediz.)
10. Rainer Maria Rilke, *Ewald Tragy* (5ª ediz.)
11. Friedrich Nietzsche, *Sull'utilità e il danno della storia per la vita* (12ª ediz.)
12. Angus Wilson e Philippe Jullian, *Per chi suona la cloche* (2ª ediz.)
13. Elias Canetti, *Potere e sopravvivenza* (6ª ediz.)
14. Konrad Lorenz, *Gli otto peccati capitali della nostra civiltà* (21ª ediz.)
15. Lorenzo Magalotti, *Relazione della China*
16. Miguel León-Portilla, *Il rovescio della Conquista* (5ª ediz.)
17. Knut Hamsun, *Fame* (4ª ediz.)
18. *La Bibbia del Belli* (4ª ediz.)
19. Georges Dumézil, *Gli dèi dei Germani* (6ª ediz.)
20. Joseph Roth, *La leggenda del santo bevitore* (26ª ediz.)
21. Friedrich Nietzsche, *Sull'avvenire delle nostre scuole* (4ª ediz.)
22. *Il Fisiologo* (4ª ediz.)
23. Samuel Butler, *Erewhon* (5ª ediz.)
24. Samuel Butler, *Ritorno in Erewhon* (3ª ediz.)
25. Eugen Herrigel, *Lo Zen e il tiro con l'arco* (25ª ediz.)
26. Frank Wedekind, *Mine-Haha* (4ª ediz.)
27. Alberto Savinio, *Maupassant e "l'Altro"* (4ª ediz.)
28. San Girolamo, *Vite di Paolo, Ilarione e Malco* (2ª ediz.)
29. Giorgio Colli, *La nascita della filosofia* (14ª ediz.)
30. Louis-Ferdinand Céline, *Il dottor Semmelweis* (7ª ediz.)
31. Ludwig Wittgenstein, *Note sul "Ramo d'oro" di Frazer* (6ª ediz.)
32. Hermann Hesse, *Siddharta* (57ª ediz.)
33. Reuben Fine, *La psicologia del giocatore di scacchi* (4ª ediz.)
34. Robert Walser, *La passeggiata* (12ª ediz.)
35. Edoardo Ruffini, *Il principio maggioritario* (2ª ediz.)

36-37. Friedrich Nietzsche, *Così parlò Zarathustra* (18ª ediz.)

38. André Gide, *La sequestrata di Poitiers* (3ª ediz.)
39. J.R. Wilcock - F. Fantasia, *Frau Teleprocu*
40. Hugo von Hofmannsthal, *L'uomo difficile* (7ª ediz.)
41. James Joyce, *Dedalus* (12ª ediz.)
42. Søren Kierkegaard, *Enten-Eller, I* (4ª ediz.)
43. Paul Verlaine, *Confessioni* (3ª ediz.)
44. Pavel Florenskij, *Le porte regali* (5ª ediz.)

45. Adam Mickiewicz, *I sonetti di Crimea*
46. Friedrich Nietzsche, *La mia vita* (8ª ediz.)
47. Friedrich Nietzsche, *Al di là del bene e del male* (15ª ediz.)
48. Friedrich Nietzsche, *La nascita della tragedia* (16ª ediz.)
49. Alberto Savinio, *Sorte dell'Europa* (2ª ediz.)
50. Carlo Dossi, *Amori* (2ª ediz.)
51. René Guénon, *Il Re del Mondo* (10ª ediz.)
52. Arthur Schnitzler, *Doppio sogno* (18ª ediz.)
53. Søren Kierkegaard, *Enten-Eller, II* (3ª ediz.)
54. Friedrich Nietzsche, *La gaia scienza* (10ª ediz.)
55. Friedrich Nietzsche, *L'anticristo* (13ª ediz.)
56. James Hillman, *Saggio su Pan* (8ª ediz.)
57. Alfred Jarry, *Ubu* (5ª ediz.)
58. Hermann Hesse, *La cura* (18ª ediz.)
59. Jacques Derrida, *Il fattore della verità* (2ª ediz.)
60. Gerald Durrell, *Incontri con animali* (7ª ediz.)
61. Gershom Scholem, *Walter Benjamin e il suo angelo* (3ª ediz.)
62. Jonathan Swift, *Istruzioni alla servitù* (8ª ediz.)
63. Aleksandr Blok, *L'intelligencija e la rivoluzione*
64. Georg Büchner, *Teatro* (7ª ediz.)
65. Friedrich Nietzsche, *Aurora* (7ª ediz.)
66. Jaime de Angulo, *Indiani in tuta* (3ª ediz.)
67. Robert Walser, *I temi di Fritz Kocher* (3ª ediz.)
68. Søren Kierkegaard, *Enten-Eller, III*
69. Franz Kafka, *Il processo* (10ª ediz.)
70. August Strindberg, *Teatro naturalistico, I* (4ª ediz.)
71. Max Jacob - Claude Valence, *Specchio d'astrologia* (3ª ediz.)
72. Heinrich Heine, *Gli dèi in esilio*
73-74. Katherine Mansfield, *Tutti i racconti, I* (8ª ediz.)
75. Guido Ceronetti, *Il silenzio del corpo* (6ª ediz.)
76. Carlo Dossi, *Goccie d'inchiostro*
77. *I detti di Rābi'a* (2ª ediz.)
78. Giacomo Casanova, *Il duello* (2ª ediz.)
79. Vasilij Rozanov, *L'Apocalisse del nostro tempo*
80. Friedrich Nietzsche, *Scritti su Wagner* (4ª ediz.)
81. Platone, *Simposio* (16ª ediz.)
82. Friedrich Nietzsche, *Umano, troppo umano, I* (6ª ediz.)
83. Karen Blixen, *Ehrengard* (13ª ediz.)
84. Alberto Savinio, *Vita di Enrico Ibsen*
85. Walter Benjamin, *Uomini tedeschi* (2ª ediz.)
86. *Diotima e Hölderlin*
87. Mario Brelich, *Il navigatore del diluvio* (2ª ediz.)
88. Leonora Carrington, *Giù in fondo* (2ª ediz.)
89. Emanuele Severino, *Legge e caso* (4ª ediz.)
90. Hermann Hesse, *Una biblioteca della letteratura universale* (11ª ediz.)
91-92-93. Katherine Mansfield, *Tutti i racconti, II* (5ª ediz.)
94. Giorgio Colli, *Scritti su Nietzsche* (4ª ediz.)
95. Salvatore Satta, *De profundis* (2ª ediz.)

96. Walter Pater, *Ritratti immaginari* (2ª ediz.)
97. René Guénon, *La Grande Triade* (6ª ediz.)
98. August Strindberg, *Teatro da camera* (3ª ediz.)
99. Gerald Durrell, *Luoghi sotto spirito* (5ª ediz.)
100. Gustave Flaubert, *Dizionario dei luoghi comuni* (10ª ediz.)
101. J. Rodolfo Wilcock, *Poesie* (3ª ediz.)
102. Mumon, *La porta senza porta* (5ª ediz.)
103. Jean Rhys, *Il grande mare dei sargassi* (3ª ediz.)
104. Guido Morselli, *Incontro col comunista* (2ª ediz.)
105. Sergio Quinzio, *Dalla gola del leone* (2ª ediz.)
106. Karl Valentin, *Tingeltangel* (2ª ediz.)
107. Jean-Jacques Langendorf, *Elogio funebre del generale August-Wilhelm von Lignitz*
108-109. O. Henry, *Memorie di un cane giallo* (2ª ediz.)
110. Rainer Maria Rilke, *Lettere a un giovane poeta* (8ª ediz.)
111. Carl Seelig, *Passeggiate con Robert Walser* (2ª ediz.)
112. Charles Duff, *Manuale del boia* (3ª ediz.)
113-114. Franz Kafka, *Il messaggio dell'imperatore* (9ª ediz.)
115. Alberto Savinio, *La nostra anima* (4ª ediz.)
116. Jean Paul, *Giornale di bordo dell'aeronauta Giannozzo* (2ª ediz.)
117. Fausto Melotti, *Linee*
118. Ibn'Aṭā' Allāh, *Sentenze e Colloquio mistico* (3ª ediz.)
119. Carlo Emilio Gadda, *Le bizze del capitano in congedo* (3ª ediz.)
120. Søren Kierkegaard, *Enten-Eller, IV*
121. Friedrich Nietzsche, *Umano, troppo umano, II* (5ª ediz.)
122. Arthur Schnitzler, *Fuga nelle tenebre* (12ª ediz.)
123. Joseph Roth, *Viaggio in Russia* (7ª ediz.)
124. Misia Sert, *Misia* (2ª ediz.)
125. Anonimo romano, *Cronica* (2ª ediz.)
126. Emilio Cecchi, *I grandi romantici inglesi* (2 voll.)
127. Russell Hoban, *Il topo e suo figlio* (3ª ediz.)
128. J. Rodolfo Wilcock, *L'abominevole donna delle nevi*
129. Paul Scheerbart, *Architettura di vetro* (2ª ediz.)
130. Giacomo Leopardi, *Pensieri* (7ª ediz.)
131. Carlo Michelstaedter, *La persuasione e la rettorica* (7ª ediz.)
132. Hugo von Hofmannsthal, *La mela d'oro e altri racconti* (4ª ediz.)
133. Plutarco, *Il demone di Socrate - I ritardi della punizione divina* (3ª ediz.)
134. Friedrich Nietzsche, *Ditirambi di Dioniso e Poesie postume* (3ª ediz.)
135. Alexander Lernet-Holenia, *Il barone Bagge* (6ª ediz.)
136. Carlo Emilio Gadda, *Il tempo e le opere*
137. Gerald Durrell, *Storie del mio zoo* (6ª ediz.)
138. Jayadeva, *Gītagovinda* (2ª ediz.)
139. August Strindberg, *Teatro naturalistico, II* (2ª ediz.)
140. Samuel Johnson, *Riflessioni sugli ultimi fatti relativi alle Isole Falkland (1771)*
141. E.M. Cioran, *Storia e utopia* (4ª ediz.)
142. Jean-Jacques Langendorf, *Una sfida nel Kurdistan*

143. Gilberto Forti, *Il piccolo almanacco di Radetzky*
144. Elvio Fachinelli, *Claustrofilia*
145. Giorgio Colli, *Per una enciclopedia di autori classici* (2ª ediz.)
146. Thomas de Quincey, *Gli ultimi giorni di Immanuel Kant* (4ª ediz.)
147. Charles Baudelaire, *Il mio cuore messo a nudo* (5ª ediz.)
148. Plutarco, *Dialoghi delfici* (3ª ediz.)
149. Adalbert Stifter, *Abdia* (4ª ediz.)
150. Charles Alexander Eastman, *L'anima dell'indiano* (5ª ediz.)
151. György Lukács, *Diario (1910-1911)*
152. Arthur Schnitzler, *Gioco all'alba* (10ª ediz.)
153. Aleksandr Zinov'ev, *Appunti di un Guardiano Notturno*
154. Friedrich Nietzsche, *Crepuscolo degli idoli* (5ª ediz.)
155. Franziska zu Reventlow, *Il complesso del denaro* (2ª ediz.)
156. Pier Candido Decembrio, *Vita di Filippo Maria Visconti*
157. Lope de Vega, *La Gattomachia* (3ª ediz.)
158. Simone Weil, *Riflessioni sulle cause della libertà e dell'oppressione sociale* (4ª ediz.)
159. Alexander Lernet-Holenia, *Il Signore di Parigi* (2ª ediz.)
160. David Garnett, *Il ritorno del marinaio*
161. Alfred Jarry, *Gesta e opinioni del dottor Faustroll, patafisico* (2ª ediz.)
162. Elio Aristide, *Discorsi sacri*
163. Maria Maddalena de' Pazzi, *Le parole dell'estasi* (2ª ediz.)
164. Colette, *Chéri* (6ª ediz.)
165. Mario Bortolotto, *Introduzione al Lied romantico*
166. Adalbert Stifter, *Cristallo di rocca* (5ª ediz.)
167. Friedrich Nietzsche, *Genealogia della morale* (7ª ediz.)
168. Georges Dumézil, *Matrimoni indoeuropei* (2ª ediz.)
169. *Lettere di Mademoiselle Aïssé a Madame C...*
170. Saul Israel, *La leggenda del figlio del Re Horkham*
171. Albert Caraco, *Post mortem*
172. Gilberto Forti, *A Sarajevo il 28 giugno*
173. Emilio Cecchi, *Messico*
174. Joseph Roth, *Ebrei erranti* (9ª ediz.)
175. Meister Eckhart, *Sermoni tedeschi* (4ª ediz.)
176. Elena Croce, *Due città*
177. Karen Blixen, *Ombre sull'erba* (7ª ediz.)
178. Georges Simenon, *Lettera a mia madre* (6ª ediz.)
179. Plutarco, *Iside e Osiride* (4ª ediz.)
180. Giorgio de Santillana, *Fato antico e Fato moderno* (3ª ediz.)
181. Colette, *La fine di Chéri* (3ª ediz.)
182. Edme Boursault, *Lettere di Babet*
183. Henri Maspero, *Il Soffio Vivo*
184. Friedrich Nietzsche, *Schopenhauer come educatore* (3ª ediz.)
185. Ernst Jünger, *Il problema di Aladino* (2ª ediz.)
186. E.M. Cioran, *Il funesto demiurgo* (5ª ediz.)
187. Alberto Savinio, *La casa ispirata* (2ª ediz.)
188. Plutarco, *Sull'amore* (4ª ediz.)

189. Arthur Schnitzler, *Beate e suo figlio* (8ª ediz.)
190. Gottfried Benn, *Cervelli* (2ª ediz.)
191. Colette, *La nascita del giorno* (2ª ediz.)
192. Karen Blixen, *Il matrimonio moderno* (5ª ediz.)
193. *Sir Gawain e il Cavaliere Verde* (6ª ediz.)
194. *L'epopea di Gilgameš* (7ª ediz.)
195. Louis Dumont, *La civiltà indiana e noi* (2ª ediz.)
196. Joseph Roth, *Le città bianche* (6ª ediz.)
197. Giuseppe Rensi, *Lettere spirituali*
198. Fabrizio Dentice, *Egnocus e gli Efferati* (2ª ediz.)
199. John McPhee, *Il formidabile esercito svizzero* (2ª ediz.)
200. Simone Weil, *Venezia salva* (2ª ediz.)
201. Elsa Morante, *Pro o contro la bomba atomica*
202. M. Granet - M. Mauss, *Il linguaggio dei sentimenti* (3ª ediz.)
203. Guido Ceronetti, *Pensieri del Tè* (6ª ediz.)
204. Carlo Michelstaedter, *Poesie* (5ª ediz.)
205. Carl Schmitt, *Ex Captivitate Salus* (2ª ediz.)
206. Celso, *Il discorso vero* (2ª ediz.)
207. Thomas Bernhard, *L'imitatore di voci* (3ª ediz.)
208. Alberto Savinio, *Capri* (5ª ediz.)
209. Arthur Schnitzler, *La signorina Else* (8ª ediz.)
210. Milan Kundera, *L'arte del romanzo* (6ª ediz.)
211. Eugenio Montale, *Mottetti* (3ª ediz.)
212. Iosif Brodskij, *Dall'esilio*
213. Gerald Durrell, *La terra che sussurra* (3ª ediz.)
214. Henry James, *L'altare dei morti* (3ª ediz.)
215. Osip Mandel'štam, *Viaggio in Armenia* (2ª ediz.)
216. Friedrich Dürrenmatt, *La morte della Pizia* (9ª ediz.)
217. Guido Ceronetti, *L'occhiale malinconico*
218. Fernando Pessoa, *Lettere alla fidanzata* (5ª ediz.)
219. Alexander Lernet-Holenia, *Il giovane Moncada* (2ª ediz.)
220. Giovanni Macchia, *I moralisti classici* (2ª ediz.)
221. Hippolyte Taine, *Étienne Mayran*
222. Carlo Michelstaedter, *Il dialogo della salute* (2ª ediz.)
223. E.M. Cioran, *Esercizi di ammirazione* (2ª ediz.)
224. Joseph Roth, *La ribellione* (4ª ediz.)
225. Benedetto Croce, *Contributo alla critica di me stesso* (3ª ediz.)
226. Giovanni Macchia, *Tra Don Giovanni e Don Rodrigo* (2ª ediz.)
227. Alberto Savinio, *Capitano Ulisse* (2ª ediz.)
228. Vivant Denon, *Senza domani* (2ª ediz.)
229. Rudolf Borchardt, *Città italiane*
230. Colette, *Sido* (2ª ediz.)
231. Aldous Huxley, *L'arte di vedere* (6ª ediz.)
232. Søren Kierkegaard, *Enten-Eller, V*
233. Ernst Jünger - Martin Heidegger, *Oltre la linea* (4ª ediz.)
234. Christopher Marlowe, *Tamerlano il Grande*
235. Leonardo Sciascia, *Alfabeto pirandelliano* (3ª ediz.)
236. Georg Büchner, *Lenz* (2ª ediz.)
237. *Vijñānabhairava, La conoscenza del Tremendo* (3ª ediz.)

238. Leonardo Sciascia, *Una storia semplice* (13ª ediz.)
239. Jean-Pierre de Caussade, *L'abbandono alla Provvidenza divina*
240. Joseph Roth, *Il peso falso* (3ª ediz.)
241. Manlio Sgalambro, *Anatol*
242. Simone Weil, *Sulla Germania totalitaria*
243. Benedetto Croce, *Breviario di estetica – Aesthetica in nuce* (3ª ediz.)
244. Ivo Andrić, *I tempi di Anika*
245. C.S. Lewis, *Diario di un dolore* (7ª ediz.)
246. E.M. Cioran, *Lacrime e santi* (2ª ediz.)
247. Vladimir Zazubrin, *La scheggia*
248. Ernst Jünger, *Trattato del Ribelle* (4ª ediz.)
249. Nina Berberova, *Il giunco mormorante* (10ª ediz.)
250. Leonardo Sciascia, *Occhio di capra* (2ª ediz.)
251. Wolfgang Goethe, *Favola* (5ª ediz.)
252. Calderón de la Barca, *La vita è sogno* (4ª ediz.)
253. Sergio Quinzio, *Radici ebraiche del moderno* (4ª ediz.)
254. Elena Croce, *Lo snobismo liberale*
255. Jeremy Bernstein, *Uomini e macchine intelligenti*
256. Alfred Jarry, *L'amore assoluto*
257. Giorgio Manganelli, *Lunario dell'orfano sannita*
258. Alberto Savinio, *Alcesti di Samuele e atti unici*
259. Iosif Brodskij, *Fondamenta degli Incurabili* (5ª ediz.)
260. Giuseppe Rensi, *La filosofia dell'assurdo*
261. James Hillman, *La vana fuga dagli Dei* (2ª ediz.)
262. Fabrizio Dentice, *Messalina*
263. F. Gonzalez-Crussi, *Note di un anatomopatologo* (3ª ediz.)
264. Manlio Sgalambro, *Del pensare breve* (2ª ediz.)
265. Jacques Derrida, *Sproni. Gli stili di Nietzsche*
266. Mario Soldati, *La confessione*
267. Giovanni Macchia, *Vita avventure e morte di Don Giovanni* (2ª ediz.)
268. Colette, *Il grano in erba* (3ª ediz.)
269. Nina Berberova, *Il lacchè e la puttana* (7ª ediz.)
270. Ingeborg Bachmann, *Il buon Dio di Manhattan*
271. Bruce Chatwin - Paul Theroux, *Ritorno in Patagonia* (5ª ediz.)
272. Benedetto Croce, *Ariosto*
273. Plutarco, *Il volto della luna*
274. Arthur Schopenhauer, *L'arte di ottenere ragione* (16ª ediz.)
275. Friedrich Nietzsche, *David Strauss* (2ª ediz.)
276. Friedrich Nietzsche, *Ecce homo* (4ª ediz.)
277. Friedrich Nietzsche, *La filosofia nell'epoca tragica dei Greci e Scritti 1870-1873* (2ª ediz.)
278. Alberto Savinio, *Dico a te, Clio*
279. Leonardo Sciascia, *Morte dell'inquisitore* (6ª ediz.)
280. Elvio Fachinelli, *La freccia ferma*
281. Ivo Andrić, *La Corte del diavolo*
282. J. Rodolfo Wilcock, *Fatti inquietanti*
283. Sergio Quinzio, *La sconfitta di Dio* (5ª ediz.)

284. Hugo von Hofmannsthal, *Il cavaliere della rosa*
285. *Montaigne. Testi presentati da André Gide*
286. Marijan Molé, *I mistici musulmani*
287. Matilde Manzoni, *Journal* (2ª ediz.)
288. Giorgio Manganelli, *Esperimento con l'India* (4ª ediz.)
289. Roger Martin du Gard, *Confessione africana* (4ª ediz.)
290. Angela da Foligno, *Il libro dell'esperienza*
291. Giacomo Leopardi, *La strage delle illusioni* (2ª ediz.)
292. Tommaso Landolfi, *Le due zittelle* (5ª ediz.)
293. Marius Schneider, *La musica primitiva*
294. Luciano di Samosata, *Alessandro o il falso profeta*
295. Robert Walser, *La rosa* (2ª ediz.)
296. Arthur Schopenhauer, *La filosofia delle università*
297. Colette, *Gigi* (2ª ediz.)
298. Martin Heidegger, *Seminari*
299. Derek Walcott, *Mappa del Nuovo Mondo* (3ª ediz.)
300. Charles Nodier, *Inés de Las Sierras* (2ª ediz.)
301. Manlio Sgalambro, *Dialogo teologico*
302. Jasper Griffin, *Snob* (2ª ediz.)
303. André Leroi-Gourhan, *Le religioni della preistoria*
304. Herman Melville, *Clarel*
305. Oswald Spengler, *A me stesso*
306. Samson Raphaelson, *L'ultimo tocco di Lubitsch*
307. Danilo Kiš, *Dolori precoci*
308. David Garnett, *Un uomo allo zoo*
309. E.M. Cioran, *Sillogismi dell'amarezza* (2ª ediz.)
310. Derek Walcott, *Ti-Jean e i suoi fratelli - Sogno sul Monte della Scimmia*
311. Leonardo Sciascia, *Dalle parti degli infedeli*
312. Tommaso Landolfi, *Cancroregina*
313. Bernard Berenson - Roberto Longhi, *Lettere e scartafacci 1912-1957*
314. Milan Kundera, *Jacques e il suo padrone* (2ª ediz.)
315. Arthur Schopenhauer, *Sul mestiere dello scrittore e sullo stile*
316. Benedetto Croce, *La mia filosofia*
317. Aleksandr Herzen, *Dall'altra sponda*
318. Carlo Emilio Gadda, *«Per favore, mi lasci nell'ombra»*
319. Friedrich Nietzsche, *Appunti filosofici 1867-1869 · Omero e la filologia classica*
320. René Guénon, *Scritti sull'esoterismo islamico e il Taoismo*
321. Giovanni Guidiccioni, *Orazione ai nobili di Lucca*
322. William S. Burroughs, *Il gatto in noi* (8ª ediz.)
323. Ennio Flaiano, *Diario notturno* (3ª ediz.)
324. Salvatore Satta, *Il mistero del processo*
325. Guido Morselli, *La felicità non è un lusso*
326. Julien Green, *Suite inglese*
327. Djuna Barnes, *Fumo*
328. Giovanni Macchia, *Manzoni e la via del romanzo*
329. Guido Ceronetti, *Tra pensieri*

330. Léon Bloy, *Dagli Ebrei la salvezza*
331. *La vita di Marpa il Traduttore*
332. Leonardo Sciascia, *L'affaire Moro*
333. Manlio Sgalambro, *Dell'indifferenza in materia di società*
334. Tommaso Landolfi, *Le labrene*
335. Alberto Arbasino, *Mekong* (2ª ediz.)
336. Ludwig Klages, *Perizie grafologiche su casi illustri*
337. August Strindberg, *Il sogno*
338. Gerald Durrell, *Il naturalista a quattro zampe*
339. W.H. Auden, *La verità, vi prego, sull'amore* (7ª ediz.)
340. Tommaso Campanella, *La Città del Sole*
341. Erwin Schrödinger, *Che cos'è la vita?*
342. Dolores Prato, *Le Ore*
343. Carl Sternheim, *Libussa*
344. Sto, *Qui comincia la sventura del signor Bonaventura*
345. Elias Canetti, *Il Testimone auricolare*
346. Karen Blixen, *Dagherrotipi*
347. Iosif Brodskij, *Marmi*
348. Geminello Alvi, *Uomini del Novecento* (2ª ediz.)
349. W.H. Auden, *Shorts*
350. Giuseppe Rensi, *La democrazia diretta*
351. Martin Heidegger, *Lettera sull'«umanismo»*
352. Ma gcig, *Canti spirituali*
353. Manlio Sgalambro, *La consolazione*
354. Leonardo Sciascia, *L'onorevole - Recitazione della controversia liparitana dedicata ad A.D. - I mafiosi*
355. Roy Lewis, *Una passeggiata con Mr Gladstone*
356. Fëdor Dostoevskij, *Ricordi dal sottosuolo*
357. Cesare Garboli, *Il gioco segreto*
358. Tommaso Landolfi, *La pietra lunare*
359. Alberto Arbasino, *Parigi o cara* (2ª ediz.)
360. Vladimir Nabokov, *Cose trasparenti*
361. Elémire Zolla, *Le tre vie*
362. Nina Berberova, *La sovrana*
363. Alan Bennett, *La pazzia di Re Giorgio*
364. Léon Bloy, *La Cavaliera della Morte*
365. René Guénon, *Gli stati molteplici dell'essere*
366. Sergio Quinzio, *Diario profetico*
367. Luigi Luca Cavalli-Sforza, *Geni, popoli e lingue*
368. Plutarco, *Le virtù di Sparta*
369. Marcel Jouhandeau, *Tre delitti rituali*
370. Simone Weil, *Lettera a un religioso*
371. Tommaso Landolfi, *Dialogo dei massimi sistemi*
372. Heinrich von Kleist, *Käthchen di Heilbronn*
373. Ennio Flaiano, *La solitudine del satiro*
374. William S. Burroughs, *La Febbre del Ragno Rosso*

Stampato nel giugno 1996
dalla Techno Media Reference s.r.l. - Milano

Piccola Biblioteca Adelphi
Periodico mensile: N. 375/1996
Registr. Trib. di Milano N. 180 per l'anno 1973
Direttore responsabile: Roberto Calasso